Dieses Buch ist zum einen meinem Ehemann Markus, sowie meiner Tochter Eileen gewidmet. Jenen beiden Menschen, die mein Leben erfüllen, und es vollständig machen. Zwei Menschen, die immer wieder meinen teils schrägen, teils nicht einfach nachvollziehbaren Gedanken gegenüberstehen, ihnen dennoch den freien Lauf lassen.

Kerstin Schaefer

Achtung Ausverkauft!
Wie sich das Denken abschafft

Gedanken über das Denken

Impressum:

© 2016 TiefGeist-Verlag
Kerstin und Markus Schaefer GbR
41236 Mönchenglagdbach
www.tiefgeist-verlag.de

Auflage November 2016
ISBN: 978-3946920007
Preis: 9,90 Euro

Druck durch: BoD, Books on Demand, Norderstedt

Bibliografische Information der Deutschen Nationalbibliothek: Die Deutsche Nationalbibliothek verzeichnet diese Publikation in der Deutschen Nationalbibliografie; detaillierte bibliografische Daten sind im Internet über http://dnb.d-nb.de abrufbar.

Kapitel:

Nur wenige Menschen erheben sich in ihrem Denken über das alltägliche Denken. Noch weniger Menschen wagen, das auszuführen und zu sagen, was sie denken.

(Werner Braun)

Vorwort:

Die Gedanken sind frei,
wer kann sie erraten,
sie fliehen vorbei
wie nächtliche Schatten.
Kein Mensch kann sie wissen,
kein Jäger sie erschießen,
es bleibet dabei:

Die Gedanken sind frei...
(August Heinrich Hoffmann von Fallersleben)

Die Gedanken sind eigentlich frei und sie werden dennoch eingesperrt, wenn wir es uns nicht wagen, sie einfach fliegen zu lassen. So frei wie ein Vogel am Himmel. Wir denken und denken und dabei denken wir manchmal zu viel. Vor allem dann, wenn wir uns auch noch Gedanken über unsere Gedanken machen und diese somit aus reiner Rücksichtnahme oder dem Gefühl eines schlechten Gewissens, nicht preisgeben. Somit verschweigen wir sie einfach und versuchen, diese im schlimmsten Fall zu verdrängen. Damit stehen wir uns doch manchmal selber im Weg, sowie unserer Freiheit, unseres jeweiligen Gedankenguts. Wie oft sagt man, "Das ist meine persönliche Meinung" und obwohl dies eine sehr klare Aussage ist, hinter der sogar noch ein Ausrufezeichen gehört, ist sie häufig mit einem Fragezeichen versehen. Ist es eventuell eine ganz natürliche Unsicherheit eines jeden Menschen oder ist es die Angst, etwas auszusagen, das andere vielleicht nicht so denken könnten? Warum denken Menschen immer weniger nach? Was mag es sein, das sehr viele dazu bewegt, das Denken in der heutigen Zeit immer mehr auf nur einen gewissen Fokus zu legen und die eigentlichen Gedanken gar kaum noch mehr auszusprechen oder sie auszuführen?

Werden unsere Gedanken, als auch unser Denken, durch andere Einflüsse schlichtweg ersetzt und somit unwichtig für das eigentliche Überleben? Braucht denn ein jeder Mensch die Vorgaben und Normen anderer mehr, als die Möglichkeit, die eigenen Gedanken frei zu entfalten? Die Gedanken zu unterdrücken und unsere Meinung nicht preisgeben zu können, kann zu einer wahren Belastung werden, bis hin zu einer Depression führen. Das eigentliche ICH wird unterdrückt und dies häufig nur deshalb, weil irgendwer einmal irgendwann gesagt hat, das ein bestimmtes Denken eben nicht angebracht oder

gar falsch sei. Was aber ist so falsch daran, wenn ich mit dem Gedankengut eines anderen Menschens einfach nicht konform gehe und mir somit mein eigenes Denken auch nicht abschaffen lasse?
Bestimmte Dinge zu denken, oder sie gegebenenfalls sogar auszuprechen, bedeutet nicht, das sie auch tasächlich in Handlungen oder Taten umgesetzt werden. Wie oft sagt jemand, das er einem anderen an die Gurgel gehen wird? Oder ein ganz typischer Satz: "Den mache ich fertig!" Und wie oft trifft dies auch tatsäclich zu? Eher viel, viel seltener, als von manch einem vieleicht gedacht. Solch eine Aussage spiegelt in dem Moment zwar eine sehr negative Emotion wider, doch die Emotion muss nicht zwangsläufig zu einer ausführenden, also einer aktiven Handlung folgen. Ausnahmen bestätigen trotz allem die Regel und manchmal stehen schlichtweg andere Hintergründe im Raum, warum jemand urplötzlich eine negative Handlung absolviert.

Weiterhin geben wir relativ häufig ein positives Gedankengut preis, wie zum Beispiel: "Ich liebe Taschen!" oder "Ich liebe mein neues Auto!" Etwas, was in uns Freude und zugleich positives auslöst. Dennoch werden wir dabei rein sinngemäß sicherlich nicht von der wirklichen Liebe sprechen können, wenn es sich hierbei um lediglich etwas Materielles und auch noch nicht einmal emotional, lebendiges handelt. Von Natur aus, ist die Liebe, zwischen einem Menschen und dem einfachen Gegenstand, tatsächlich gar nicht so vorgesehen. Allerdings ein emotionales Empfinden, sowie das jeweilige Gedankengut hingegen schon. Alle Gedanken und das eigentliche Denken, entstammen definitiv unserer Natur. Also können wir wahrhaft in der Theorie etwas lieben, was gar nicht lebendig ist, jedoch andersherum gesehen, könnten wir es rein praktisch ausgeführt, wiederum nicht. Daher sind manche Menschen zwar im Stande, zu Gegenständen eine relativ große und ebenfalls emotionale Bindung aufzubauen, die theoretisch also funktioniert, jedoch in der Praxis nicht umsetzbar oder gar ausführbar wäre. So wie das nun bei einer zwischenmenschlichen Liebe ganz einfach der Fall ist.

Von dem Aspekt her einmal abgesehen, das ein materieller Gegenstand zur Fortpflanzung nicht geschaffen wäre, ist er in der Lage, bei manchen Menschen ein solches Wohlgefühl zu bereiten und dies hinzu auch noch gespickt mit einer gewissen Wärme und Geborgenheit, das es auf der

anderen Seite einfach nur noch skurril klingt. Oder für einen anderen Menschen eben völlig schräg und der Norm stark abgewichen.
Spätestens nach diesen ersten Zeilen, dürfte es dem Leser klar werden, das der weitere Inhalt in diesem Buch entweder für den einen sehr interessant werden könnte oder eben für manch anderen nur einfach abnorm empfunden, mit Hirngespinsten bepackt, viellleicht viel Hirnschmalz beinhaltet oder gar scheinbar unrealistischem Inhalt versehen ist. Die Gedanken selbst, sind nichts unrealistisches. Unsere Gedanken sind etwas, das tatsächlich da ist. Gedanken können kreuz und quer sein, nicht immer konform gehend, mit jenem Gedankengut der anderen Menschen. Sie können schräg klingen, ebenso einen anderen sehr iritieren, doch genauso können sie zu einem weiterem Nachdenken und Handeln anregen. Absolut dieses soll es auf beiden Seiten auch gerne bezwecken. Irgendeinen Sinn muss das ganze am Ende hier ja auch haben.

Ich mache nichts ohne einen tieferen Sinn. Manchmal benötigt es etwas Zeit, bis man meiner eigentlichen Intention folgen kann. Manchmal ist es wie ein Puzzle, das sich aus vielen verschiedenen Teilen zusammensetzt um nach und nach zu einem schönen Bild zu werden. Nichts anderes wird in diesem Buch passieren. Anfänglich erscheint es für den Leser auf den ersten Seiten, wie von einem Zweig auf den anderen zu hüpfen. Es können bei dem ein oder anderen Fragen aufkommen oder sich das Erscheinungsbild diverser Gedankenlücken einstellen, doch mit dem weiteren Verlauf lichtet sich die Verzweigung zu einem kompletten Baum, mit vielen bunten Blättern und weiteren Blüten, die sich öffnen werden. Blüten, die nichts anderes als Gedanken sind. Blätter, die an Zweigen hängen und all die unterschiedlich auftauchenden Gedankengänge widerspiegeln, bis sie somit den Baum, in unserem Fall den Kopf, zu einem ausgereiften Naturelement vervollständigen.

Es werden immer wieder Beispiele auftauchen, an denen ein jeder merken dürfte, wie sehr wir durch Normen und äußere Einflüsse manipuliert werden und das Denken sich somit weiter und weiter abschafft. Wir verlernen aus einer gewissen Eigenständigkeit heraus zu handeln. Wir verlieren das Bauchgefühl, für wichtige Entscheidungen und wir unterstützen damit sogar ein System, das nicht der wahren Natur eines Menschen entspricht. Unser Gehirn besitzt an großer

Masse und wird nur zu einem Drittel genutzt. Es muss ein Sinn dahinter stecken, das wir mit dieser Masse bestückt sind und die besteht sicher nicht darin, sich Fremdsteuern zu lassen oder ausschließlich den Automatismen und Normen zu folgen. Wäre es der Plan der Natur, das wir dies täten, besäßen wir bestimmt nicht jene Größe des Gehirns.
Nun wünsche ich aber erst einmal viel Spaß und vielleicht hinzu ein paar hilfreiche Erkenntnisse darüber, dass, das Denken, ganz gleich ob für den einen vielleicht sogar schräg klingend, als auch das Freilassen unserer Gedanken, keine solche Abnormalität darstellt, wie so oft behauptet. Aus dem Innersten zu handeln und den Gedanken zuzuhören, ist nichts verkehrtes, oder unnatürliches. Wichtig ist einfach, überhaupt zu denken und das Denken generell zuzulassen.

Sich hin und wieder zu sammeln, zu sortieren und dementsprechend zu selektieren, um somit dazu beizutragen, das sich das generelle Denken, welches häufig sehr stark manipuliert wird, nicht weiter abschafft!

Ein Zusatz über das Denken und den Gedanken

Es gibt tatsächlich noch einige Menschen, die es schlichtweg mögen, sich Gedanken jeglicher Art zu machen. Die Menschen, die sehr viele Dinge hinterfragen und das dabei entstehende Gedankengut, nicht von irgendeiner Norm ausbremsen lassen. Viele Menschen lassen sich mittlerweile sehr stark von diversen Normen einschränken. Das Denken wurde jedem von uns praktisch mit in die Wiege gelegt. Tatsächlich wird ebenso in der heutigen Gesellschaft, das Denken durch manch Vorgaben und andere Einflüsse, sowie dem recht simplen Grund, nämlich jener der Bequemlichkeit, immer weiter und weiter abgeschafft.

Es mag ja praktisch erscheinen, wenn das Denken von anderen übernommen wird und man sich nicht zusätzlich auch noch mit all den Dingen, die so neben dem regulären Leben noch hinzukommen können, auseinandersetzen muss. Die Gefahr, andere oder anderes für sich denken zu lassen und so nicht mehr selbst nachzudenken, birgt allerdings auch das Risiko, in Richtungen einzuschlagen oder diverse Wege zu gehen, die einem innerlich das Gefühl geben, einer verloren gegangenen Freiheit nachzutrauern. Der Druck

der Anpassung wird immer größer, da immer mehr Menschen das Denken den anderen überlassen. Diese handeln in der Regel meist eigensinnig und egoistisch, nach ihren eigenen Mustern und leben sie ebenso aus. Nur um so ausschließlich ihre eigenen Bedürfnisse, damit zu decken und nicht unbedingt die eines anderen. Wer nicht selber denkt und zudem die Gedanken nicht offenbart, der wird nur sehr schwer seine wirklichen inneren Bedürfnisse in einem ausreichendem Maße befriedigen können.
Gedanken eines jeden Menschen, denen er tatsächlich freien Lauf lässt und darüber sinniert, sind so vielseitig, manchmal sehr intim und für die Umwelt nicht selten schwer nachvollziehbar. Für den Denkenden sind sie in solch einem Moment, aus welchen Gründen auch immer, nun aber einmal vorhanden und sie rufen nach einer Ausführung oder gar Handlung. Die Gedanken sollten nicht einfach so verdrängt werden, denn die Wahrscheinlichkeit, das sie erneut auftauchen werden, ist relativ hoch. Es ist gut, sich mit den unterschiedlichen Gedanken, auseinanderzusetzen, um eine innere Klärung dabei zu erlangen. Hauptsächlich sind die tieferen Gedanken nötig, um sich selber zu verwirklichen und vor allem um den inneren Bedürfnissen dabei eine

wertvolle Lobby zu bieten, da sie dazu beitragen, gewisse Handlungen, auszuführen, die ein Wohlgefühl verschaffen könnten. Jemand, der lieber andere für sich denken lässt, der beraubt sich praktisch selbst seiner Lobby. Unsere Gedanken im Kopf, sind absolut vielseitig und nicht immer alleinig auf Taten oder Ausführungen beruhend. Sie spiegeln zudem unsere Emotionen und können daher zum Beispiel einhergehend sein, mit "Du blöde Kuh", bis hin zu einem "Ich mag dich nicht" oder eben bei einem freundlich ausgesprochenem *Hallo*, innerlich ein "Ich habe eigentlich gar keine Lust auf dich", tatsächlich in Wahrheit hergeben.

Nicht alle Menschen sprechen ihre Gedanken, die sie in sich tragen wirklich auch aus. Jene Menschen, die zwischendurch jedoch die Gedanken einmal zur Sprache bringen und damit meine ich das echte, richtige Sprechen und keine Laute, werden nicht selten als Rüpel, oder als unhöflich, gar unverschämt, bis hin zu ganz einfach schrägdenkend eingestuft. Das, was sie aber in dem Moment definitiv sind, ist, sehr ehrlich. Sie können nichts für ihre Gedanken, das kann letztendlich keiner und ebenso können sie nichts für die Intoleranz, die ihnen bei ihrer löblichen Ehrlichkeit entgegengebracht wird. Warum soll jemand seine

Gedanken nicht aussprechen dürfen? Das innere Wesen, der Kern, ist seit der Entstehung ganz einfach so konzipiert. Die Gesellschaft hingegen duldet dies meist nur einfach nicht.

Ich möchte unter anderem in diesem Buch verdeutlichen, das im Prinzip ein jeder Gedanken in sich trägt, die er nicht immer preisgibt. Das er Situationen erlebt, zu denen viele vielleicht sogar ein ähnliches Denken besitzen, es aber nicht offenbaren. Das Handlungen aus einer Norm heraus entstehen und Oberflächlichkeit an der Tagesordnung der Gesellschaft steht. Teilweise grenzt mein Gedankengut für so manche an einer Schiene des Schrägdenkens. Eine Schiene, die sehr häufig als etwas unrealistisches oder abnormal denkendes dargestellt wird und dabei einfach nur als etwas NORMALES abzutun wäre. Ich denke eben öfters etwas über manche Dinge nach und ich gebe zudem die Gedanken häufiger preis. Das ist gelegentlich in diversen Momenten wohl für das Umfeld, nicht der ultimativen "Norm" entsprechend.

Zeit, Unlust, und die Bequemlichkeit, sind häufige Gründe bei vielen, warum sie sich keine Gedanken machen wollen. Zu denken, ist etwas Natürliches in uns allen fest drin und DAS ist definitiv normal, da es einfach der wirklich wahren

Norm eines Menschen entspricht. Lassen sich die Gedanken, die in mir und in vielen anderen Menschen drinstecken, tatsächlich einfach so wegdenken? Die Gedanken sind nun einmal in unseren Köpfen. Ganz gleich, ob jemand öfters oder sehr, sehr viel nachdenkt oder sich größtenteils fremdsteuern lässt. Die Gedanken sind im Kopf und bei dem einen eben sehr präsent, während sie bei dem anderen benebeln und in eine Ecke gepackt werden. Letzteres ist immer häufiger der Fall und sehr schade.

Selbst wenn jemand behauptet, das bestimmte Gedanken nicht normal wären, weil er ein ganz einfach ein anderes Gedankengut besitzt oder vielleicht nicht mehr ausschließlich selber nachdenkt, was ja nun mal immer häufiger der Fall zu sein scheint und von dieser Fremdsteuerung zudem noch so stark beeinflusst wurde, so werden die Gedanken einer anderen Person dadurch nicht ganz automatisch aus deren Kopf hinweg oder hinaus gestrichen. Sie werden eben nur unterdrückt oder in eine andere Schublade verstaut. Ein Hokus Pokus eben, mit ganz viel persönlich erschaffenem Schmuh dahinter. Ganz egal, was jemand versuchen mag zu erzwingen, manche Gedanken wollen und würden nicht einfach abhauen und zack verschwunden sein. Gedanken sind Gedanken. Ob Gute, Schlechte, ob Gleichgesinnte oder auch nicht. Gedanken, ganz gleich, ob diese schräg, eintönig, stupide usw. sind, sind eben etwas ganz Natürliches und vor allem Normales. Der eine lässt sie frei, der andere sperrt sie halt ein.

Ich sperre meine Gedanken nicht ein und somit erlebe ich oft ein großes Fragezeichen in den Gesichtern meiner lieben Mitmenschen, denen ich sie hin und wieder dann mitteile. Wie auch vielleicht nun jetzt manch Fragezeichen bei einigen Lesern dieses Buches auftauchen können. Dazu kann ich nur sagen, es macht hin und wieder einen Sinn, Dinge erst einmal aufzunehmen, später über diese nachzudenken und sich sodann am Ende erst, ein Urteil zu bilden. Es gibt zwischendurch immer wieder Menschen, die sich bemühen, meine manchmal etwas wirr wirkenden Gedanken nachzuvollziehen, sie zu verstehen, vielleicht zu tolerieren oder eben bestenfalls gar versuchen, sie zu verinnerlichen.

Ebenso gibt es Menschen, die meine Gedanken überhaupt nicht nachvollziehen oder verstehen können, manchmal dieses auch nicht wollen und für sie schlicht bescheuert, sowie hin und wieder anmaßend oder eben zu schräg sind. Es gibt bei mir nichts, was an sich keinen tieferen Sinn besäße. Tiefgründigkeit bedeutet für mich etwas sehr intimes und trotz der Intimität, teile ich diese ab und zu. Für manche wirkt das halt völlig schräg. Schräg finde ich hingegen wieder gut. Ich mag es, so querfeldein zu denken, die Dinge zu hinterfragen, ebenso dabei in die andere Richtungen zu blicken und ich mag es vor allem, wenn die Gedanken frei sein dürfen. Wenn sie hoch in den Himmel fliegen können.

Ich betitle mich durch meine Denkerei weder als stupide, noch als psychisch kranken Menschen. Meine persönlichen Gedanken und ebenfalls das Freilassen all des Gedankenguts, verkörpern für mich ganz einfach das persönliche ICH. Ich denke, also bin ich, heißt es doch immer so schön.

Einzigartig, wie so viele. Und doch auch irgendwie anders....

Jeder Mensch ist einzigartig und auch das wird sicher einen Sinn haben, denn würden alle nur in eine Richtung denken und alle zudem noch die gleichen Emotionen fühlen, dann wäre dies bei der Entstehung des Lebens, bereits völlig anders konstruiert gewesen. Ist es aber nicht und das ist auch gut so! Das Denken schafft sich ab, das ist es, was ich in diesem Buch vorrangig vermitteln werde und möchte. Nicht alles in diesem Buch wird jetzt mit einer solch enormen Kuriosität, oder sehr abstrusen und/oder schwer nachvollziehbaren Gedankengängen meinerseits umschrieben sein. Dieses Buch ist nichts anderes als ein Spiegel unserer Selbst. Ein Spiegel, der das Verhalten eines jeden Menschen im Alltag sowie dessen Umwelt vorzeigt. Alles in Verbindung mit dem eigentlichen Recht der Gedankenfreiheit, welche ich mir natürlich einfordere. Das sollte so ziemlich jeder Mensch machen. Ebenso soll das Buch den arg fortschreitenden Denkverlust, aufzeigen, der aufgrund fremdsteuernder Einflüsse, tagtäglich stattfindet.

Das Hauptaugenmerk ist darauf gerichtet, das während und vor allem nach dem Lesen, jeder etwas mehr Mut findet, seine Gedanken nicht immer einzusperren, sondern sie öfters freizulassen, denn es ist und bleibt, wie immer wieder zu betonen, etwas Natürliches und Wichtiges. Gedanken, die man einsperrt, die können einen mit der Zeit rücksichtslos quälen. Sie können auf das Gemüt und sogar auf den Körper schlagen. Dann geht es uns selber eher schlecht als gut. Im Prinzip besitzen Gedanken die Möglichkeit, das innere Wohlbefinden zu steuern, anhand von Emotionen und dem eigentlichen Gedankenantrieb zur jeweiligen Ausführung unserer Bedürfnisse.

Bedrückendes oder euphorisches, möchten wir alle im Prinzip ganz gerne hinauslassen, denn es ist beides mit starken Emotionen verbunden.
“Ich platze jetzt gleich vor Freude” oder auch “Ich könnte explodieren bei solch einem Glück”, sind Aussagen, die wir bei sehr positiven Gedanken und Emotionen, von uns geben. Wenn man sich beispielsweise wahnsinnig freut, dabei die Schmetterlinge vor lauter Freude ihren ganz großen Tanz im Bauch zelebrieren, zudem das Gefühl, dieser innere Drang, hinzu kommt, nun unabdingbar dies mit irgendwem teilen zu müssen, dann will man es schließlich auch hinauslassen. In der Regel kann das eben eigentlich auch jeder, es machen allerdings nur sehr viele nicht. Ebenfalls solche Emotionen, welche einen enorm bedrücken. Ereignisse, die einem den Schlaf rauben, die den ganzen Tag beschäftigen und negative Emotionen, wie Wut, Trauer als auch pure Enttäuschung und Weiteres bereiten, die müssen definitiv hinaus. Wenn wir sie aus Rücksicht, der scheinbaren Vernunft oder aus noch ganz anderen vorgeschobenen Gründen nicht rauslassen, so bleiben diese negativen Gedanken irgendwo in unserem Kopf dennoch verborgen. Sie verschwinden nicht und werden einfach urplötzlich zu einer vielleicht anderen Zeit, durch irgendei-

nen ähnlichen Anlass, erneut ausgepackt. Haben wir sie im Vorfeld aber fliegen lassen, also sie herausgelassen, so ist das eher unwahrscheinlich, das sie uns in einer anderen Situation erneut im Kopf herumgeistern, um dann zu eskalieren. Wurden die Gedanken freigelassen und haben wir uns in dem Moment mit der dazugehörigen Situation einfach arrangiert und abgeschlossen, so sind wir mit allem quitt. Die Gedanken freizulassen, empfinde ich selbst, als ein sehr wichtiges Ritual, um vergangene Erlebnisse sowie manch Situationen nicht unnötig mit in die Gegenwart zu tragen. Ebenso nicht vorher vor Freude oder Glück platzen zu müssen, finde ich im wahrsten Sinne des Wortes, wesentlich gesünder.

Das Arrangement, sich mit seinen Gedanken auseinanderzusetzen, trägt dazu bei, einen inneren Frieden zu finden und ausserdem neuen Platz, für viele weitere Gedankengänge zu verschaffen. Gerade bei Menschen, die sich ohnehin über jederlei Kleinigkeit ihre Gedanken machen, kann dieses irgendwann zu einer recht starken Überflutung des eigenen Gedankengut kommen, die schließlich so weit geht, das ein immens großes und unüberschaubares Chaos herrschen würde, wenn derjenige nicht in der Lage ist, die Gedanken ab und an einfach mal los- und vor allem

auch freizulassen. Die Schubladen in der Schaltzentrale, wären irgendwann einfach übervoll. Es bestehen somit plötzlich nicht mehr nur fünf, sieben, zwölf oder gar fünfzehn Schubladen, sondern viele weitere mehr. Eventuell sind es auf einmal zwanzig, oder auch noch mehr im Kopf. Auf jeden Fall sind sie pickepacke voll und absolut durcheinander.
Niemand stellt sich unnötig sein eigenes Haus mit Schränken zu, um in diesen Müll oder sonst weitere unbrauchbare Gegenstände zu deponieren. Warum soll es dann im eigenen Kopf anders gehandhabt werden? Das Denken sowie das Freilassen der Gedanken, in irgendeiner Form, ist ein wichtiger und vor allem natürlicher Prozess. Ein Prozess, der bei manch einem auf Anhieb funktioniert und bei anderen vielleicht erst einmal zu einem wahren Lernprozess wird, doch wäre dies definitiv eine Wohltat für das eigene Befinden. Auf die eigene Befindlichkeit wird heutzutage in falschem Maße geachtet. Vielleicht ist eine wohlwollende Befindlichkeit bei vielen Menschen mit dem Besitz und Vorzeigen materieller Dinge verbunden. Die wirklich wohltuende Befindlichkeit kommt rein aus dem Inneren und ist etwas emotionales. Wären Emotionen mit materiellen Gegenstände wirklich zu vergleichen? Sicher kann

das Materielle eine positive Emotion erwirken, aber in der Natur war der Besitz von Gütern und Gegenständen meiner Meinung nach nicht mit der Voraussetzung zu einem Wohlbefinden geplant. Der eigentliche Kern, worauf es ankommt, ist im Prinzip nicht an einem Gegenstand festzumachen. Ein Auto kann mich glücklich machen. Ist es kaputt bin ich traurig, doch vergesse ich es auch mit der Zeit wieder diese Trauer. Den Verlust meines eigenen Ich, werde ich hingegen nicht vergessen.

Das eine ist eben materiell und fördert nur das Wohlbefinden, anhand einer Emotion. Das andere ist tiefer gesehen, die Emotion. Etwas, worüber jeder einmal ein wenig tiefer drüber nachdenken sollte. Wir alle spüren unsere Emotionen, doch viel zu häufig lassen wir uns von anderen Umständen oder Vorgaben beeinflussen. Damit werden die Emotionen häufig unterdrückt und es folgt die innere Unzufriedenheit. Für manch einen stellen die Emotionen sogar die Seele dar. Was auch immer sie letztendlich sind, sie sind ein Bestandteil unserer Selbst und haben genauso ein Anrecht auf Freiheit, wie unsere Gedanken. Zu beachten gibt es lediglich ob und vor allem das nicht, ein Schaden anderer dadurch erfolgt.

Das bin ich

Ich bin Mutter, Ehefrau, absolut lebensfroh, oft wissbegierig, und mit meinen 1,72 m an Größe, weder klein, noch übergroß. Manchmal bin ich quirlig. Zudem sehr harmonieliebend und vor allem ein Mensch, der recht viel nachdenkt und das in der Regel auch sehr tiefsinnig. Das Denken, sowie das Nachdenken über jederlei Kleinkram, der einem manchmal in den Sinn kommt, mag ich sehr. Vieles zu hinterfragen und an jedem Tag die Welt zu entdecken, ist ein großer Bestandteil meines Alltages.

Ich liebe es hinauszugehen und immer wieder interessante Sachen zu erleben oder zu finden. Sei es nun eine kleine Patronenhülse, welche ich draußen, nach einem Besuch der Post, am Boden liegen sah und sich sogleich in mir direkt die Frage aufdrängte, woher oder wem, sie entstammt. Oder während ich danach zum Himmel schaute, die Frage in mir aufkam, wohin nun der Vogelschwarm da oben, den ich gerade sehe, jetzt fliegen wird und wie es sein mag, in einem Vogelschwarm zu leben? Einfach hier hin zu fliegen, dorthin zu fliegen und dabei jeden Tag etwas Neues entdecken zu können. Ich studiere die Menschen und alles um sie und mich herum. Meine Denkerei und die noch dazukommende,

für andere eher abgedriftete Nachdenkerei, wird hin und wiedervon meinem Umfeld fehlinterpretiert. Damit lebe ich jedoch schon lange und mich stört es gar nicht mehr großartig.
Ich bin für viele oft nicht einschätzbar. Für Andere gelegentlich eingebildet, unnahbar oder eben einfach etwas verträumt. Dabei mache ich überhaupt nichts anderes als eben das, was in allen im Prinzip selber drinsteckt. Ich nehme viele Dinge um mich herum auf und verarbeite sie. Ich selektiere sie währenddessen in meinem Hirn, nach Brauchbarem und nach Unbrauchbarem. Dann denke ich am Ende darüber nach und gestatte mir anschließend die entsprechende Handlung oder Aussage, die ich darauffolgend treffe. Für viele bin ich eben anders und dennoch bin ich, wie jeder Mensch ist, wenn er es öfters einfach zuließe, über alles mehr nachzudenken. Als recht nachdenklicher Mensch in dieser Welt zu leben, ist für die einen ein Gewinn und für die anderen ein schweres Los. Ich finde darin auf beiden Seiten etwas.
Manchmal bin ich sehr froh über meine Nachdenklichkeit und manches Mal würde ich mir wünschen, ab und zu nicht so viel nachzudenken. Alles ganz einfach nur laufen zu lassen. Ich liebe es zu reisen, zu lachen und vor allem mag

ich es, den Kopf und meinen Geist in Einklang zu bringen. Mich faszinieren sehr viele Dinge und ich lasse mich zwischendurch auch gern von anderen Menschen für unterschiedliche Sachen begeistern. Wenn ich mir etwas in den Kopf gesetzt habe und davon überzeugt bin, dies umsetzen zu können, lasse ich mich ungerne in den diesen Momenten davon abbringen. Ich kann ein ganz schöner Beißer sein, lebe absolut gerne für meine Familie und sie besitzt an oberster Priorität. Wie in jeder Familie verläuft unser Leben mal in guten, mal in nicht so guten Tagen. Das gehört für mich allerdings dazu, denn wenn alles locker von der Hand liefe und somit einem Perfektionismus beikäme, wär dieses für mich auf Dauer etwas langweilig klingend.

Eine Abwechslung, sowohl das Ausschöpfen unterschiedlicher Möglichkeiten, sich somit weiterzuentwickeln, als auch eine Entfaltung zu erlangen und diese gewisse innere Freiheit zu besitzen, finde ich unheimlich wichtig. Ich möchte auf keinen Fall fremdgesteuert werden. Ebenfalls lasse ich mir so weit wie nur möglich, das Denken und die Gedanken, durch diverse Versuche der Manipulation oder jeweils neu erdachten Normen der heutigen Zeit, nicht entreißen. In der Kindheit hat so ziemlich jeder sein Leben

richtig gelebt und sich über all die Dinge, mit denen man sich im Erwachsenenalter später beschäftigt, absolut keine Gedanken gemacht. Als Kind musste ich nicht darüber nachdenken, welche Tasche ich kaufe, um im Trend zu liegen oder ein bestimmtes Produkt besser wäre, als die anderen. Mich interessierte es nicht, welche Farbe sich gerade im Trend befand oder wie ich mich am besten bei anderen präsentieren kann.
Ich war einfach ICH und ich war damit sehr glücklich. Fast jeder Mensch, der an seine Kindheit zurück denkt, wird dieses Gefühl des Glück und der Freiheit noch kennen. Vielleicht haben es einige auch schon fast verdrängt. Fakt ist, das obwohl in dieser Zeit die eigentliche Manipulation und das Vorbereiten auf jeweilige Normen begann, wir uns weitaus freier gefühlt haben, als heutzutage als Erwachsener. Dies legt im Prinzip Nahe, das unser Wesen von Grundauf, also von Geburt an, in den Gedanken und Emotionen nicht eingeschränkt wäre, sondern lediglich dazu geformt wird. Als Kind wurde man in die Norm gedrängt jemand anderem die Hand zu reichen, ihn zu umarmen, oder gar ein Küsschen zu geben. Und wie oft wollte man dies innerlich gar nicht? Als Kind ist man dann bockig, als Erwachsener ist man dann nicht der Norm entsprechend.

Die Kindheit genießen

Kinder besitzen den wundervollen Bonus, sich über vieles noch keine großen Gedanken machen zu müssen. Dadurch sind sie in ihrem Kopf freier und vor allem unbeschwerter dem Alltagsleben ausgesetzt. Würden die Erwachsenen ihnen nicht das manipulierende Normverhalten so hartnäckig eintrichtern und der Druck der Gesellschaft, sich an diese zu halten, nicht so hoch sein, könnte vieles im Umgang miteinander, wesentlich leichter sein.
Die Kindheit zu genießen, ist das, was wir Erwachsenen den Kindern oftmals sagen. Wir wissen eigentlich innerlich auch genau warum und weshalb. Die großen dann teilweise belastenden Probleme, kommen mit dem Älter werden nach und nach dazu. Je älter wir werden, desto erdrückender und von der Gesellschaft verlangend, werden die uns als Kind schon beigebrachten Grundnormen. Wer möchte daher nicht ab und zu die Zeit als Kind zurückspulen?

Denke ich an meine Kindheit zurück, so empfinde ich ein leichtes und unbeschwertes Gefühl. Obwohl in der Kindheit die Manipulation, anhand der verschiedenen Normen bereits ihre Anfänge findet, ist das dennoch ein Lebensabschnitt, in welchem weitaus mehr Gedankenfreiheit möglich war, als im späteren Erwachsenenalter. Mir scheint manchmal, das erst einmal je älter man wird, die Freiheit der Gedanken immer weiter hinweg gefegt werden soll. Im späteren Alter fordert man sich bestenfalls die Gedankenfreiheit wieder ein.

Als Kind war ich natürlich bereits mit Normen konfrontiert, aber ich genoss immer noch innerlich eine gewisse Freiheit. Oder eben auch den Status, das ich halt ein Kind war. Beim Essen nicht herumzumatschen oder das Messer falsch zu halten, war nicht so gravierend, wie es heutzutage für mich als Erwachsener wäre. Die Normen entwickeln sich mit dem älter werden, zu weiteren Extremen. In meiner Kindheit sah man darüber hinweg, wenn ich beispielsweise schmutzige Fingernägel vom Spielen draußen hatte. Heute wird man bereits schräg angeguckt, wenn die Fingernägel nicht schön gefeilt sind. So was war mir als Kind völlig egal und meiner Umwelt ebenso. Ich konnte draußen Streiche spielen, singend durch die Straßen laufen oder hin und her hüpfen. All das, wonach mir eben war. Wenn ich heutzutage singend durch die Straßen laufe oder auf dem Bürgersteig hin und her hüpfen würde, wäre mir ein Kopfschütteln oder schief angucken, ganz, ganz sicher. Ebenfalls das Denken der Menschen, das ich wahrscheinlich einen Knall im Kopf habe. Warum kann ich als Erwachsener nicht auch durch die Straßen hüpfen und singen? Nur weil irgendjemand festgelegt hat, dass es als Erwachsener nicht in Ordnung wäre, der eigenen Tanz und Singlaune nachzugeben, wird es sogleich mit den Vorurteilen, einer geistigen Umnachtung gleichgesetzt.

Die Normen meiner Kindheit beinhalteten das Bedanken oder das Bitten, genauso wie ein freundliches Grüßen oder sich verabschieden. Damit konnte ich gut leben. Im Erwachsenenalter wird ein Bitten oder Bedanken sogleich mit dem Hintergedanken, wie man es dem Jenigen ebenfalls gut tun könnte oder sich ihm anhand von weiteren Aktionen seiner Dankbarkeit, erkenntlich zeigt. Gibst Du mir etwas, so gebe ich dir etwas, genauso wie wenn du etwas von mir möchtest, dann bekomme ich etwas von dir oder habe eben etwas gut. Als Kind schwirrten solche Gedanken nicht in meinem Kopf. Wozu auch?

Es war wichtiger für mich, die Welt zu entdecken und bestmöglich auf ihr zu leben. Natürlich gab es ab und an diverse Wünsche oder Anschaffungen, die ich als Kind toll fand, doch es ging für mich auch nicht die Welt unter, wenn ich das ein oder andere eben nicht bekam. Dann war es einfach so oder ich habe mir eine Alternative gesucht. Selbst wenn meine Klassenkameraden oder Freunde das von mir angestrebte Utensil oder Ähnliches besaßen und ich eben nicht, dann war diesem nun eben so. Trotzdem änderte sich weder die Freundschaft dadurch, noch wurde ich deswegen in eine Ecke gestellt. Ich muss dazu sagen, das es mir als Kind an nichts fehlte und jegliche der Grundbedürfnisse abgedeckt waren, mitsamt diverser Zusätze.

Meine Eltern haben mich nicht materialistisch denkend erzogen, sondern dahin gehend auf die Werte eines Menschen zu achten, ganz gleich wie er aussah, was er besaß, wie er gekleidet war oder eben gesprochen hat. Es zählte einzig und allein das Wesen des jeweiligen Menschen. In meiner Kindheit haben meine Eltern zudem viele Unternehmungen mit uns gemacht, die nicht nur einen Spaßfaktor besaßen, sondern auch zur Bildung beitrugen. Manches war interessant, manches war auch schon mal langweilig, doch für mein späteres Leben, haben sie mir dadurch ein bestimmtes Wissen und eine Bildung beschert. Wenn wir in den Urlaub fuhren, wurden Berge bestiegen und erklärt in welcher Höhe wir uns befinden, wie die Luft sich mit dem Besteigen der Berge immer weiter verändert oder bei den jeweiligen Besichtigungen und Besuchen diverser Handwerksmuseen, sowie Ausstellungen, geschichtliches als auch technisches Wissen vermittelt. Heutzutage fahren Familien oft in den Urlaub, lediglich mit dem Gedanken, sich entspannen zu können. Für das Gehirn der Kinder, die wissbegierig sind, keine tatsächliche Hilfe. Es wird lieber darauf geachtet, ein tolles Urlaubsfoto mit der Familie am Strand für Facebook &Co zu posten, denn das ist ja so enorm wichtig, als eine Weiterentwicklung im Wissensstand. Abgesehen davon, möchte man herzeigen, wie toll doch der Urlaubsort ist und was man sich da Schönes geleistet hat.

Das Vorzeigen dominiert weitaus mehr, als die eigentliche Befriedigung der Bedürfnisse. In diesem Fall hinzu, käme noch, die Befriedigung der Kinder, sowie ihren unermüdlichen Wissensdrang zu füttern. Natürlich habe ich heutzutage manchmal in der Praxis gesehen, nicht viel von den in meiner Kindheit besuchten Ausstellungen oder Museen, das ich nun aktiv umsetzen konnte, doch in der Theorie erstrecken sich für mich viele Funktionen von Dingen im Alltagsleben, dessen eigentlichen Usprung ich als Kind betrachten konnte, viel besser. Ein Traktormuseum beispielsweise. Dies habe ich als Kind mit meinen Eltern besucht. In der Praxis fahre ich natürlich keinen Traktor, doch weiß ich zumindest, wie das Grundprinzip dieser Traktoren funktioniert, auch wenn wir heutzutage auf das Technische bezogen, über weitaus bessere Traktoren verfügen, wie es vor 30 Jahren vielleicht der Fall war. Ich weiß immerhin, was der Trecker als Grundelemente benötigt, um fahren zu können oder seine Arbeiten auszuführen. Ebenso verhält es sich mit einer Dampflock, mit Gläsern und Vasen, die und vor allem auch wie sie ganz früher Mundgeblasen wurden.

Ich wüßte mit einer Feuerkochstelle umzugehen und die Wäsche ohne Waschmaschine zu waschen. Ich verstehe den Lauf der Wasserzufuhr, sowie die Elektrizität. Häuser, die noch aus Holz, Stein und Lehm gebaut und mit den Jahren immer mehr durch die Industrie verbessert wurden. Egal ob nun harter Beton oder Holz, das Grundprinzip des Hausbaus steckt mir im Kopf. Als Kinder haben wir mit Decken tolle Höhlen gebaut und sind auf alles hinauf geklettert was auch nur annähernd kletterfest aussah. Dadurch lernten wir, das nicht jeder Ast gleich trägt, genauso das eine Höhle, die schlecht konstruiert ist, einfach einfällt. Entsprechende Gedanken und Pläne, dies sicherer zu gestalten, waren die Grundvoraussetzung für weitere Bauten oder Klettereien. Heutzutage wird ein fertiges Kinderhaus gekauft oder etwas Aufblasbares. Ein Klettern an den Bäumen, mit einem "um Gottes Willen" kommentiert. Man kann sich verletzen, beschmutzen, die Kleidung aufreißen oder irgendwelche Krankheiten bekommen. Außerdem, was sollen die anderen denken, wenn das Kind so schmutzig oder mit einer aufgerissenen Hose vom Klettern, durch die Straßen läuft.

Wenn die Menschen sich so weiter entwickeln wie bisher, kann man den Kindern wirklich nur immer wieder raten, das sie die Kindheit genießen sollen, denn wer weiß, wie lange unsere Kinder noch Kinder sein dürfen und nicht von den ganzen Normen völlig in ihrem Gedankengut eingeschränkt werden. Auf der anderen Seite ist es den Erwachsenen ebenso anzuraten, die Kinder einfach Kinder sein zu lassen. Wir großen sind es, die es in der Hand haben, den Kindern entweder Normen und haufenweise Vorgaben zu vermitteln, oder es eben auch auf das Minimum zu reduzieren. Ich frage mich oftmals, ob wir eigentlich nur Maschinen oder auch noch Menschen um uns herum haben möchten.

Das Denken schafft sich ab

Das Denken ist ein ganz natürlicher Prozess im Kopf. Ein Prozess, welcher sich immer weiter ausdehnen lässt, aufgrund unserer recht großen Speicherzentrale, in der eine ebenso große Menge Platz besteht und in der sich außerdem noch ganz viele Bereiche befinden, die absolut mal gar nicht benutzt werden. Ausreichende Kapazitäten wären auf jeden Fall vorhanden. Niemand möchte bevormundet werden oder, wie ein Roboter durch die Welt laufen. Doch erscheint es mir oft, immer mehr und mehr findet genau dieses statt.

Unterschwellig werden die Menschen alltäglich mit immens vielen Informationen und immer neuen Botschaften zugepackt, sodass das freie, auch andere Denken, häufig als etwas Negatives, in unserer Gesellschaft auffällt. Das Denken schafft sich tagtäglich fortlaufend ab. Durch manche Menschen, ebenso wie durch anderweitere Einflüsse, die sich beispielsweise aus diesen jeweilig vorgegebenen Normen, Dienstleistern, Institutionen & Co zusammensetzen.

Dazu wird darauf hingearbeitet, das unser freies und vor allem eigenständiges Denken, gar nicht mehr notwendig wäre. Menschen, die sich in höher gestellten Positionen befinden oder jene, mit

höherem Einkommen, erleichtern sich das Leben relativ unkompliziert, durch Dinge, die sie sich ganz einfach mit ihrem Geld und ihrer Macht erkaufen können. Sei es zum Beispiel die wertvolle Gesundheit oder einen tollen Körper, der durch Operationen verändert wird, oder vielleicht ganz bestimmte materielle Dinge, die ihnen somit am Ende ein scheinbares Wohlgefühl bereiten.
Sie vermitteln ihrer Umwelt den IRR-Glauben, das es ihnen absolut gut und wohlergeht. Sie verkörpern mit diesem Erkauften für viele, das innere Wohlgefühl und die Zufriedenheit und geben somit eine Norm vor, an die sich andere halten zu meinen.
Ich wage zu bezweifeln, dass genau die gleichen Gegebenheiten, mit selbigem Hab und Maße bei einem anderen Menschen vergeben, genau das Gleiche innen drin bewirken würden. Dafür ist das innere Wesen eines jeden Menschen einfach zu verschieden. Geld und die materiellen Dinge, spielen in der heutigen Zeit eine große Rolle, doch gehen dabei all die wichtigen und wertvollen Werte vieler Menschen, daran verloren. Die Liebe, das Gefühl, die Hilfsbereitschaft, ebenso Selbstlosigkeit, werden gegen Neid, die Macht, die Gier, den Egoismus und Weiterem mehr, einfach so ausgetauscht. Das körperliche und emo-

tionale vieler Menschen, wird so durch materielle, emotionslose Werte praktisch ersetzt. Beispielsweise ein Handy, das äußerst vielseitige Funktionen besitzt. Es kostet natürlich auch dementsprechend viel mehr Geld und ist für manch einen mit all seinen Funktionen bestimmt ein wertvolles Hilfsmittel. In solch einem Fall trifft die Aussage teuer und auch sehr gut, sogar noch den eigentlichen Punkt und dessen Sinnhaftigkeit. Wie viele der Menschen kaufen sich allerdings dann ebenfalls das Handy, weil es wegen seinem Preis eine Art des gewissen Wohlstandes repräsentiert. Und wie viele Besitzer nutzen am Ende dann diese ganzen tollen Funktionen nicht? Einfach aus dem simplen Grund, weil sie sie überhaupt nicht benötigen, damit vielleicht gar nichts in ihrem Alltagsleben anfangen können oder letztendlich mit ihnen schlichtweg nicht zurecht kommen. Es scheint Eigentlich egal. Die Hauptsache ist es, das teure Modell in seinem Bestand zu wissen. Über die wirkliche Notwendigkeit wurde nicht nachgedacht.

Es zählt oft nur, dieses haben, haben, haben wollen. Relativ viele der Menschen messen sich anhand ihres Umfeldes, leben nach deren Vorgaben, um sich darüber in irgendeiner Weise zu identifizieren, in dem Glauben, so das erstrebte

Glücklichsein zu gelangen. Ein weiterer gruseliger Faktor im Bezug der scheinbaren Unterstützung zu dem ach so großen Glück und dem noch viel, viel scheinbareren Wohlbefinden, sind die Unternehmen, die diese Dinge produzieren, als auch auf den Markt bringen. Schön angepriesen und am besten noch von einer bekannten Persönlichkeit beworben, muss dieses Produkt definitiv etwas sehr Gutes sein. Make-up, trendige Kleidung und eine warme Umgebung, können hier bereits für die wahren Verkaufswunder sorgen. Sehr häufig werden diverse Lebensmittel, die in den Werbespots zu sehen sind, mit Farben angesprüht, um knackig und frisch auszusehen. Dabei würde sicher niemand, der diese Art von Lebensmittel präpariert hat, auch nur einen einzigen Fitzel davon tatsächlich wirklich essen.

Es geht ausschließlich nur um den puren Verkauf, und die Vermarktung, sowie natürlich um das gute Geld und genau bei diesen Punkten fangen Menschen an, das natürliche Denken abzuschaffen und schalten ganz einfach um, auf Kommerz und Konsum. Die Fremdsteuerung ist eben einfacher.

Es wird nicht darüber nachgedacht, das man sich etwas anschafft, weil es wirklich benötigt wird, brauchbar wäre oder etwas gut ist und dies ernsthaft einen Nutzen bringt, sondern es geht darum, was die Masse macht. “Viele Menschen machen das ja auch” und somit passt sich dann der Mensch einfach dem an. “Wenn sie es ja alle kaufen, muss ich mir darüber keine Gedanken mehr machen, ob es gut ist. Es muss ja dann gut sein.” Und so läuft das Tag für Tag in unendlich vielen Bereichen, die dazu beitragen, dass der Mensch weniger nachdenkt oder besser gesagt, weniger nachdenken muss und einfach das nachmacht, was andere auch machen.

Automatismen und Normen schaffen eine ganz neue Welt und nicht nur das eigenständige Denken nimmt ab, sondern ebenso die Eigenständigkeit eines jeden Menschen. Hin und wieder einmal, denkt der Mensch darüber nach, ob dieses oder jenes wirklich nötig war oder richtig war oder vielleicht ob es nützlich ist und obwohl er das weiß, das es eigentlich nicht immer alles ist, was jemand zum Glücklichsein benötigt, lässt er sich weiterhin fremdsteuern.

Darüber genauer nachzudenken, wird als verschwendete Zeit, oder hinzukommend, als zu anstrengend befunden. Mitunter ist dieses der einfachste Weg, wie mir scheint. Einfach nicht darüber großartig nachdenken zu müssen. Sich nicht mit sich selber noch auseinandersetzen zu müssen sondern lieber mal machen zu lassen. Für viele ist weitaus bedeutsamer, ein gutes Bild darzustellen, etwas präsentieren zu können um somit einen festen Stand in seiner Umwelt zu erlangen. Dabei ist das reine Deko für mich, nichts anderes. Ich kann andersherum auch einen festen Stand alleinig durch mein Denken erlangen.

Ich kann bewundert werden, für das recht gute Kopfrechnen und benötige dazu nicht den ultratollen Taschenrechner der Firma XYZ oder ABC. Ebenfalls gilt es im Bezug auf die Kreativität, oder diverser Standpunkte, welche ich aufgrund meiner Nachdenklichkeit natürlich regelmäßig vertrete.

Der Kernpunkt des Denkens, findet sich unter anderem beim Nachdenken oder eben dem überdenken. Äußere Einflüsse, Müdigkeit, sowie pure Unlust, beeinflussen den Ablauf des Denkens und einem eigentlichen Nachdenken, sehr häufig. Dann heißt es gelegentlich, jemand wäre völlig unkonzentriert oder äußerst unstrukturiert in seinem Kopf. Die Struktur im Kopf, könnte im Prinzip jeder selber einbringen, indem er manchen Einflüssen nicht so viel Raum bietet, das sie Oberhand gewinnen. Die klare Aussage, dass man erst mal über etwas Nachdenken möchte, liegt in dem Recht eines jeden Menschen. Niemand darf und sollte sich dazu zwingen lassen, über Sachen nicht zuerst nachdenken zu können, bevor er eine Entscheidung trifft oder eine Aussage, bis hin zu einer eventuellenHandlung. Wer sich diesen Platz nicht einräumt, läuft geradewegs auf eine Fremdsteuerung zu und schafft damit große Teile des sebständigen Denkens ab. Von ihren Kindern verlangen die Erwachsenen oft, das sie alleine nachdenken oder etwas bedenken sollen, doch die Erwachsenen an sich, schieben diese Aufgabe selbst gern einfach von sich ab. Kinder sollen somit das erfüllen, was die Erwachsenen verlernt haben. Es ist traurig.

Im Übrigen macht es hin und wieder Sinn, das Buch für einen Moment zur Seite zu legen und die bis dahin aufgenommenen Informationen erst einmal sacken zu lassen. Sie gegebenenfalls zu verinnerlichen und zu sortieren. Es bringt weder dem Leser noch mir etwas, das Buch nun in einem durchzulesen und am Ende ist nur ein Drittel all der Informationen angekommen. Kleine Denkpausen zwischendurch, sowie wir sie im Alltag ebenfalls ausüben sollten, leider oftmals nur nicht absolvieren, lassen den Kopf nicht zu sehr überfluten. Nach und nach bildet sich ein Puzzle in diesem Buch und Stück für Stück setzt es sich immer mehr zusammen.

Schräg

Schräg, ein Wort, das umgangssprachlich viel benutzt und doch sehr häufig in der eigentlichen Tiefsinnigkeit überhaupt nicht verstanden wird. Unter schräg bezeichnen wir all jene Dinge, welche wirklich einfach nicht gerade verlaufen, in andere Richtungen gehen oder eben ganz simpel gesagt, einer bestimmten Norm abweichen. Die Frage, die ich mir dabei oftmals stelle, ist: Muss man denn einer Norm angehören? Eigentlich möchte ich das gar nicht und ich wehre mich daher gegen diverse Normen.

Für mich haben viele Normen etwas Befehlendes und recht Bestimmendes im negativen Sinne gesehen, was mich meiner eigentlichen Wesensentfaltung irgendwo berauben möchte. So wie ich geboren wurde, so bin ich und so ist auch mein inneres Wesen. Ich spreche nicht von dem Wesen, das eine Gesellschaft formen kann, sondern von dem eigentlichen Kern tief in mir drin. Und dieser Kern möchte eben nur ganz bestimmten Wege gehen und sich während dieser, so frei wie möglich dabei entfalten.

Zur Entfaltung gehören für mich viele alltägliche Dinge, die ich mir eben nicht einfach mal gerne

so vorgeben oder vorschreiben lasse. In einigen sehe ich oftmals keinen wahren Sinn dahinter. Es gibt zudem viel Unsinniges. Ich finde es zum Beispiel einfach unsinnig, mit Kleidern herumzulaufen, die ein jeder Zweite ebenfalls trägt. Das wäre nicht ausschließlich ich. Eher bin ich dann das Duplikat eines Trends. Mir geht der eigentliche Wiedererkennungswert verloren.
Davon einmal abgesehen neigen die Menschen dazu, sich über ganz bestimmte Kleidungsstücke, Marken, Mobiliar oder ganz anderweitige sonstige, materielle Dinge, zu identifizieren. Natürlich gibt es bei manch einem die Argumentation, dass man sich doch damit wohler fühle oder es gar praktischer wäre und und und. Ich fühle mich aus meinem Innersten dabei nicht wirklich wohl, eine Kleidung zu tragen, wo ich mir dann noch andauernd etwas hochzupfen muss. "Na Hauptsache es gehört zum Trend." Etwas anzuziehen, das mich einfach nur einengt oder schlimmstenfalls an meinem Körper kratzt, das wäre nicht das, was mir ein wahres Wohlbefinden verschafft, sondern lediglich ein sehr nerviges Kleidungsstück an meinem Körper, welches ich tragen würde, weil es gerade irgendeinem Hype nachkommt. Viele juckt das im wahrsten Sinne des Wortes, überhaupt nicht. Manche machen daraus

hin und wieder sogar einen regelrechten Tick. Der Tick zum Beispiel, immer und überall eine Sonnenbrille aufzuziehen, oder eine Hose fast halb unter dem Gesäß zu tragen, sodass es den Eindruck macht, diese verliert sich beim Gehen immer weiter und irgendwann steht der Jenige in der Unterhose dar. Weitere Ticks beinhalten z. B. den Kauf von nur ganz bestimmten Marken, da alles andere ja nicht gut wäre. Hautenge Jeans zu tragen, ganz gleich, ob sie die Beine, die eigentlich nicht dort hineinpassen einquetschen und letztendlich dementsprechendes Übermaß an Körpermasse, an ihrer Hose ausformen, scheint ebenfalls dazu zu gehören. Hauptsache im Trend liegend.

Geht man in die 80er Jahre zurück, so bestand der Tick daraus, alles Mögliche in Neonfarben zu besitzen, beziehungsweise auch an sich zu tragen. Ob Kleidung, Stifte und so viele andere Accessoires. Man hatte phasenweise keinerlei Möglichkeit dem Ganzen überhaupt irgendwie zu entkommen. Die grellen Farbtöne fanden sich einfach überall. Ein wahrer Tick, dem eine große Menschenmasse im größerem Ausmaß ganz einfach folgte. In meiner Jugendzeit folgte auch ich diesem Tick, denn alle meine Klassenkameraden sowie viele Menschen in meinem Umfeld um mich herum, taten das Gleiche. Alle mit dem gleichen Streben, nämlich aufzufallen. Wer dem Ganzen irgendwie entfliehen konnte, der gehörte eben nicht zu der Norm und wurde in seinem eigenen Stil und Wesen, als wahrhaft schräg bezeichnet.

Damals war das Wort schräg für mich so noch nicht mit dem Hintergrund, wie ich ihn nun heute interpretieren kann, verinnerlicht. Schräg besaß sogar etwas von einem Außenseiter. Jemand, bei dem man lieber ein wenig Abstand hält, weil er nicht zuzuordnen ist. *Man wusste ja nicht so genau, was er sonst noch macht.* Heutzutage bin ich selber schräg und darüber auch froh, denn das Schrägsein spiegelt meine eigene und wahre Persönlichkeit wider.

Mein ICH und außerdem das Ausleben meiner Entfaltung in vielerlei Hinsicht. Ich gebe zu, ich habe heute selber meine kleinen Ticks in manchen Dingen, für die ich auch noch Geld bezahle, weil sie mich einfach erfreuen. Da gibt es zum Beispiel meinen Taschentick! In dieser Form sogar etwas Materielles, das mir eine Art des Wohlbefindens beschert. Allerdings ziehe ich daraus auch noch weitere Nutzen und nicht nur den, mir etwas Materielles zuzulegen, um dann auch noch prahlen oder posieren zu können.

Die gesammelten Taschen verbinden bei mir noch einen ganz anderen so genannten Tick. Nämlich ein Festhalten von Erlebtem. In meinem Fall ist das auf das Reisen bezogen. In jeder Stadt oder in jedem Land, das ich bereise, wird eine Tasche gekauft. Es ist ähnlich wie mit einem Foto schießen. Dabei wird somit bildlich die jeweilige Reise mit nach Hause genommen und ich kann anhand dieser Tasche all meine Erlebnisse regelrecht abspulen.
Die jeweilige Tasche erinnert damit zum einen an den Ort, wo sie gekauft wurde, zum anderen was man an diesem erlebt hat und fördert dabei verschiedene Emotionen, wie eben die Freude, Spaß, als auch unschöne Erlebnisse, die ein überfüllter Laden oder eine Stadt hinterlassen können.
Der Taschentick resultiert also nicht rein daraus, die neueste Tasche von Gucci & Co zu besitzen, sondern aus der Intention heraus, dem Aufbewahren erlebter Dinge. Natürlich wird das alles noch mit dem Hintergrund komplettiert, je ausgefallener die Tasche ist, desto besser. Ausgefallen oder schräg. Kurz gesagt, nicht der Norm der Menschen hinterher gelaufen. Die Tasche soll bei mir zusätzlich nicht den Taschen ähneln, die alltäglich draußen auf der Straße zu sehen sind.

(Also schon mal nicht in Schwarz!) Es ist mir an sich fast egal, welche Farbe eine Tasche besitzt, die aufgrund ihres Designs oder ihrer Ausgefallenheit, auf einer Reise ins Auge fällt. Am wenigsten dominieren die Gedanken dazu, zu welchen Kleidungsstücken sie passen würde.
Erst einmal ist Fakt, das einem die Tasche gefällt. Alles andere schließt sich dann irgendwann an. Die dadurch hervorgerufene Emotion, als auch der Gedanke, diese, eine, jene Tasche haben zu wollen, wurde in dem Moment ihrer Anschaffung freigelassen und trägt zu meinem eigenen Wohlbefinden positiv bei. Ich mache mir hin und wieder Gedanken darüber, warum andere nicht auch so denken und lieber einem Trend nachlaufen, sich etwas kaufen, weil es gerade einfach eben "in" ist.
Wieso denke ich darüber überhaupt eigentlich nach? Oder anders gefragt, denken die anderen ebenfalls sorgfältig nach, bevor sie sich etwas anschaffen oder ist es für sie nur einfach leichter, sich gar nicht groß mit diesen Gedanken auseinanderzusetzen und dann lieber nach purem Automatismus einzukaufen, nur weil andere es eben auch kauften? Denke ich zu viel vor einer Anschaffung nach oder kaufe ich mir etwas aus dem Grund, weil es einfach von meinem Bauchgefühl

herauskommt und nicht weil jeder Zweite damit auch herumläuft? Stellt sich bei den anderen eventuell doch noch irgendwann das Gefühl oder die Frage ein, warum man nicht eine andere Tasche genommen hat, die man eigentlich viel schöner fand? Und wäre das praktische Denken einfach der bessere Weg zu dem inneren Wohlbefinden? Ich kann nicht genau erklären, weshalb schwarzen Taschen so beliebt sind, doch werden sie wahrhaft in Massen gekauft. Vielleicht, weil sie auf fast alle anderen Kleidungsstücke ohne große Kompromisse passen und so auch wieder etwas Praktisches mit sich bringen? Ich denke darüber nach, denn ich will das Handeln der Menschen verstehen können. Um mich somit besser in die Materie hineinzudenken, versuche ich sodann alles einfach aus der praktischen Perspektive zu betrachten, doch es tauchen dabei neue Fragen auf.

Wenn man eine rote Tasche besitzt und keine schwarze, muss man dann darauf achten, keine orangefarbene Kleidung anzuziehen, weil sich die Farben rot und orange beißen könnten? Wird dann lieber aus diesen Gründen keine farbige Tasche gekauft, obwohl einem die ein oder andere besser gefallen würde? Das Fazit lautet für mich am Ende: “Schwarz passt scheinbar eben auf alles und so ist es einfacher.” Das wäre ja zumindest eine relativ leichte Denkensweise, doch damit verzichte ich zugleich auf die Freiheit, mir die Tasche zuzulegen, die von mir farblich oder von ihrem Design her, als schöner empfunden wurde und das auch alles nur weil die eigene Kleidung mit der Farbe nicht harmoniert oder weil es so viel praktischer erscheint. Na prima, das innere Bedürfnis ist somit letztendlich überhaupt nicht abgedeckt. Was ist mit meinem inneren Wohlbefinden? Wird der Verzicht auf diesen Seelenbalsam, den die Tasche einem geben könnte, wenn man sie kauft, weil man sie einfach schön findet, nun dadurch entschuldigt, sich rein an das Praktische oder einer Norm zu halten? Ich denke, in dem Moment, wo mir eine Tasche gefällt, ich sie aber aus nicht gegebenen “praktischen” Gründen, gar nicht vorhandener oder unpassender Kleidung” nicht gekauft habe, kann für mich Letztendlich überhaupt keine hundertprozentige Zufriedenheit bestehen. Im Prinzip hat man sich in dem Moment doch sogar selber manipuliert.

Mein weiteres Denken zum Kauf einer Tasche würde sich im Bezug auf die Frage, ob ich die passende Kleidung dazu besäße, so gestalten: Die Kleidung kann ich generell, wenn ich nicht unbedingt der hiesigen Modenorm nachlaufe und mich somit den saisonalen Farben hingebe, dennoch so variieren, dass auch für eine andersfarbige Tasche eine tragbare Kombination entstehen würde. Zuzüglich dem Denken, mir die Kleidung anzuschaffen, die ich mag und die gut an mir sitzt. Ich muss mich nicht einem Trend anpassen, sondern kann jene Kleidung tragen, die mir gefällt. Dabei ist es völlig piepe-schnurz egal, ob ich nun in Schlaghose oder gar in einem Pullunder herumlaufe. Ich muss mich darin ja wohlfühlen und sie nicht nur deshalb tragen, weil sie gerade im Trend liegt. Alles andere ist für mich pille palle und würde mir nur unnötige weitere Gedanken bescheren.

Ich möchte mich auch gar nicht mit etwas derart Oberflächlichem befassen. Etwas, wo ich letztendlich selbst Herr der Lage sein kann, um es zu steuern, um mich wohlzufühlen. Ich denke, das sind Dinge, über die nur wenige Menschen wirklich nachdenken, Die Vorgaben, bei solchen Trends, manipulieren all das Denken und schaffen es regelrecht ab.

Meine Gedanken kreisen oft um so viele andere Dinge, die ich nicht selber steuern kann, und die ich dennoch erlebe. Gedanken über Menschen, über die Situationen oder auch Zustände, die dann einfach eintreten und einer Handlung bedürfen. Es gibt echt enorm viel aufzunehmen, festzuhalten und das dazugehörige Denken, lässt sich bei mir nicht einfach mal eben per Knopfdruck so abstellen. Zum Beispiel das Thema: "Aufnehmen"... Es gab eine Situation während eines Bummels in der Stadt, die mich zum Nachdenken und späterem Handeln anregte. Eine Situation, wo ich etwas verinnerlichte und aufnahm, über die ich mir im weiteren Verlauf zudem noch zu Hause Gedanken machte. Die jeweiligen Beteiligten sicher nicht, da ihre Welt anders ist.

Ich sehe einen Obdachlosen und denke in dem Moment nicht darüber nach, wie er aussieht, ob er riecht oder das er zu irgendeiner Institution gehen sollte, um sich einkleiden zu lassen oder einen Schlafplatz zu erhalten. Das wäre jedoch das Denken vieler andere. Ich selber denke viel mehr darüber nach, was ihn wohl in diese Situation gebracht haben könnte. Er wird eine Geschichte haben und ich stehe ihm als Menschen, mit jedmöglichem Respekt gegenüber. Sehr viele Menschen laufen vorbei und beachten ihn nicht einmal. Es interessiert sie einfach nicht. Mich interessiert jedoch nun noch weiterhin, warum die anderen Menschen so reagieren. Ich beobachte

sie und ich beobachte die weitere Situation. Versuche mich in diesen Menschen hineinzuversetzen und empfinde plötzlich eine Form der Traurigkeit und Hilflosigkeit.
Noch mehr Menschen laufen vorbei. Die meisten sind ordentlich gekleidet, wohl genährt. Manche von ihnen mit Parfum zugetünscht und manche von ihnen stinken einfach sogar. Die meisten tragen recht saubere Kleidung, sie haben etwas zu essen, sie haben ein Dach über dem Kopf und könnten sich waschen, doch sie stinken einfach dennoch. Sie laufen an dem Obdachlosen achtlos vorbei, denken sich innerlich wahrscheinlich sogar, dass ER stinken würde, denn das sagt und weiß doch jeder. Dabei stinken sie selbst! Sie wären im Stande es nicht zu müssen, da sie problemlos Hygieneartikel, saubere Kleidung und vieles mehr einfach so kaufen können. Sie könnten sogar dafür Sorge tragen, das der Obdachlose ebenfalls nicht riechen muss, wenn er es denn täte. *Er könnte sich bestimmt in einer Obdachlosenunterkunft auch pflegen. Er könnte auch arbeiten*, wäre der nächste Gedanke, doch er hat sich vielleicht ganz einfach so aufgegeben?
Aufgegeben, weil man ihm in der Gesellschaft sowieso mit Vorurteilen gegenübersteht und ihm dazu das Gefühl vermittelt nichts mehr wert zu

sein. Er sieht vielleicht keinen solch wichtigen Aspekt mehr in der Hygiene, sondern möchte lediglich ein paar Cent, um sich dann etwas zu essen und vielleicht das Getränk der Wahl, um vergessen zu können, zu kaufen.
Ich spreche den Obdachlosen nun einfach an, denn meine Gedanken wollen geklärt sein. Ich möchte wissen, was ihn in diese Situation gebracht hat. Ich erfahre, er war einst Lkw-Fahrer und hat ein Kind auf einem Fahrrad nicht gesehen, weil es für ihn im toten Winkel stand, als er nach rechts auf der Kreuzung abbiegen wollte. Beim Abbiegen überfuhr er dann das Kind. Es starb kurz danach. Die Schuldfrage einmal außen vorgelassen, frage ich weiter nach. Menschen, die weiterhin dort vorbei kommen, schauen zu uns hin. Sie schauen, weil ICH dort stehe und mich mit dem Obdachlosen unterhalte. Ab und zu werden ihre Schritte langsamer, nur um eventuell etwas aufschnappen zu können, was wir da wohl gerade bereden.

Was kotzt mich in diesem Moment ein solches Verhalten der Mitmenschen einfach nur an. Es geht dennoch weiter im Gespräch. Depressionen, die trotz Kliniken und Medikamente das Geschehene nicht vergessen ließen. Keine Arbeit mehr

gefunden. Der Alkohol ließ ihn erst mal ein wenig vergessen und nahm ihm irgendwann die Frau und letztendlich die Muße weiterhin am gesellschaftlichen Leben noch teilzuhaben. In die Kreise der später dann entstandenen Alkoholabhängigkeit abgrutscht, Schulden gemacht, die nicht mehr bezahlt werden konnten und irgendwann in die Obdachlosigkeit geraten. Herauszukommen scheint auswegslos.
Für die Gesellschaft nur noch ein überflüssiges Element, mit verschmutzter, kaputter Kleidung und einem penetranten Geruch. Ich frage ihn irgendwann, was er benötige um durch den Tag zu kommen. Er antwortet mir mit der Summe von 2-3 Euro, damit er sich etwas zu essen und etwas zu trinken kaufen kann. Ich gebe ihm fünf und danke für seine Offenheit.

Die Gesellschaft stinkt! Und sie stinkt sehr häufig nach ihrem Verhalten, nach ihren Vorurteilen und der Heuchelei, sowie ihrer Arroganz. Es macht mich wütend, mitzuerleben, wie die Menschen einen anderen Menschen aufgrund seines Aussehens verurteilen. Ihn nicht einmal beachten, schlimmer noch, ihn in dem Glauben lassend, das sie ein wertvollerer Mensch seien und ignorant an ihm vorbei laufen. Ich sitze noch

einen Moment da und beobachte weiter die Situation. Vor allem auch die Menschen, wie sie weiterhin vorbei gehen, als wäre er Luft. Sie verschwinden in Geschäften für Dekoartikel und kommen sehr voll bepackt wieder hinaus. Jemand mit vollen Taschen kommt an mir vorbei und sein Einkauf muss anstrengend gewesen sein, denn er stinkt. Seine Hose ist mit einem großen, unübersehbaren Kaffeefleck beschmutzt und sein Gesicht unrasiert. DU STINKST! Widerfährt es mir in meinem Kopf und es muss einfach aus mir raus.
Die Situation bleibt mir den Rest des Tages im Kopf. Ich denke viel darüber nach und spreche später auch mit meinem Mann darüber. Die innere Wut über das Verhalten der ganzen Menschen bauscht sich dabei noch einmal richtig auf. Ich bin enttäuscht, dass in unserer Gesellschaft solch ein Verhalten einen Platz findet. In meinem Kopf befinden sich mehrer Worte....

EGOISMUS, UNVERSTÄNDNIS und RESPEKTLOSIGKEIT.

Niemand verlangt es, einem Obdachlosen Geld zuzustecken, doch Respekt und etwas mehr Verständnis, kosten weder Geld, noch Zeit. Es geht lediglich um das Gedankengut, das man dem Mann gegenüber erbringen könnte. Gedankengut, das evntuell zu entsprechenden Handlungen führen kann. Auch wenn er sich davon nichts zu essen oder neue Kleidung kaufen kann, so kann er vielleicht die Hoffnungslosigkeit, die er aufgrund des Verhaltens der Gesellschaft erfährt, bestenfalls in Mut umpacken. Eine zweite Chance in Angriff zu nehmen, um wieder festen Fuß zu fassen. Mut und einen Sinn darin zu sehen, die Situation zu verbessern und nicht durch die entsprechende Haltung, die Mimik und Gestik der an ihm vorbeilaufenden Menschen, ein Gefühl, solcher Wertlosigkeit und Überfluss zu spüren. Nach dem Gespräch mit meinem Mann ging es mir zumindest emotional ein wenig besser, denn während dem Gespräch wurde noch einmal recht deutlich, das es richtig war, meine Gedanken zu dem Ursprung der jetzigen Situation des Obdachlosen, zu klären und die Geschichte zu erfahren. Ich musste mich nicht weiter damit innerlich befassen, was wohl der Auslöser für ihn und das jetzige Leben war. Ich kannte den Auslöser und seinen Kreislauf nun, fand ihn bedauerlich und versuchte es zumindest, dem Obdachlosen für den einen Tag, etwas Gutes, an einem Menschen finden zu lassen.

Ich habe in dem Sinne nichts falsch gemacht mit meiner weiteren Handlung, sondern mir ein Bild machen können, nachdem ich ihn ansprach und fragte. Ebenfalls habe ich am Ende gar einem der Menschen, der wie die anderen achtlos vorbei ging und sich für einen besseren Menschen hielt, verdeutlicht, dass er äußerlich für mich kein Stück besser erscheint. Das widerrum gab mir ein doch positives Gefühl, mit dem Wissen, meinen Gedanken in diesem Moment ihren freien Lauf gelassen zu haben. Etwas das mich nicht weiter bedrücken musste, oder mir einen Vorwurf gemacht hätte, weil ich sah, roch und dann aber nichts gesagt hätte. Es hätte mich Zuhause dann noch zusätzlich geärgert oder belastet. So war es raus, frei in den Himmel fliegend.

Schräg, also nicht einer Norm entsprechend zu denken, ist nicht falsch. Noch richtiger ist es, die Gedanken in ganz bestimmten Situationen freizulassen und damit sogar ein Nachdenken zu bewirken. Genau zu solch einem Nachdenken brachte ich einmal eine Mutter, die auf einer Straße ihr Kind die ganze Zeit anschrie. Ich kann es absolut nicht leiden, wenn ein Mensch gegenüber einem viel schwächeren Menschen seine Machtposition ausnutzt.

Ganz häufig passiert genau dieses gegenüber kleinen Kindern. Die Kinder können sich eben nicht gleichwertig wehren, geschweige denn, sich dementsprechend artikulieren. Anschreien ist für mich eine Form von großer Schwäche. Wer schreit, der weiß sich nur nicht mit klaren Worten zu helfen. Eigentlich sind schreiende Menschen ganz schwache Menschen, die sich sogar nebenbei selber gesundheitlich schaden. Wer brüllt wie ein Löwe, der puscht seinen Blutdruck nach oben. Das Herz beginnt zu rasen, die Stimmbänder werden dazu gereizt und sie kommen aus der Puste. Und wofür? Um einen kurzen Moment ihre Machtlust auszuüben, oder weil sie sich keiner anderen Hilfe bewusst sind.
Hilflose Brülllöwen nenne ich sie dann auch, denen ich gerne mein Bedauern zukommen lasse, in der Form von "Das tut mir sehr leid, das die Schaltzentrale bei der Entstehung ihres Lebens, da oben keine erweiterten Optionen für einen ordentlichen Umgang mit einprogrammiert hat und Sie jetzt nun unter solch einer Hilflosigkeit nur noch diese Brülllaute von sich geben können."

Wenn alle Stricke reißen und so war es bei dieser besagten Mutter, macht nur noch eines Sinn. Ihr

das Echo geben. Ich erlebte sie öfters und immer wieder das Kind anschreiend. In Momenten wie solchen, kreisen in meinem Kopf äußerst unschöne Dinge herum. Sie erwirken außerdem in mir ein ungutes Gefühl und meine Gedanken schreien regelrecht danach, sie herauszulassen.
Diese blöde Kuh, hört und hört nicht auf, auf dieses Kind einzuschreien. Das Kind heult schon und sie brüllt weiter. Was bist Du doch für eine Ätzkuh!
Jetzt zieht sie das Kind auch noch heftig am Arm. Mir reicht es jetzt.
Gezielt zu der Mutter hin, mache ich das, was sie die ganze Zeit mit dem Kind gemacht hat. Ich schreie sie sehr laut an! "Macht es Spaß, sich über ein Kind im schreienden Ton zu erheben, nur weil man selbst zu schwach ist, sich einer Situation mit ausreichender Vernunft und Niveau zu stellen? Und im Übrigen, wie ist das Gefühl nun, so angeschrien zu werden?"

Der Mutter gefiel meine Aktion überhaupt nicht und sie forderte mich barsch im Ton auf, mich um meinen eigenen Kram zu kümmern. Ich sagte ihr noch, das sie sich doch dringend einmal Hilfe einholen sollte, wenn sie nicht zurechtkommt und überhörte alsdann ihre weiteren Worte. Auf

der einen Seite war es ein absolut befreiendes Gefühl, ihr meine Gedanken über ihr Verhalten und meine Wut, gegenüber der Situation rauszulassen. Ich hatte ja zumindest versucht, hier etwas zu tun, auch wenn es wahrscheinlich nicht viel gebracht hat.
Mir ging es dadurch zumindest besser und zu meiner Überraschung, einige Zeit später, schien dies wohl doch einen Erfolg gehabt zu haben. Als ich sie wieder einmal sah und innerlich in mir schon der Groll gegen sie hervor kam, dass sie nun jetzt gleich das Kind wieder anschreien wird, erlebte ich mit, wie sie ganz normal mit ihrem Kind redete. Es hüpfte an der Ampel hin und her und lachte. Kein Geschrei von ihr und keine graue Wolke in diesem Moment. Es hat etwas gebracht. Meine ausgesprochenen Gedanken sind in den Himmel geflogen und haben die graue Wolke beiseite geschoben.

Viele andere Menschen habe diese Mutter ebenfalls erlebt und viele von ihnen werden gedacht haben, das es nicht in Ordnung ist, wie sie mit dem Kind umgeht. Manchmal haben sich sogar welche umgedreht oder blieben für einen Moment stehen. Doch gesagt hat einfach keiner was Sie haben ihre Gedanken für sich behalten, die

Situation einfach laufen lassen. Darüber mache ich mir sogar auch Gedanken und frage mich, ob diese Menschen ab und an noch an das gedacht haben, was sie sahen. Oder darüber nachgedacht haben, das sie etwas hätten tun können.

Es ist so häufig in unserer Gesellschaft zu sehen, dass Menschen bestimmte Situationen miterleben, sie regelrecht gaffen, aber keine weitere Handlung erfolgt. Es wird zu viel geschwiegen und zu gerne möchte ich hin und wieder einmal die Gedanken dieser Menschen wissen. Was ist es, das sie dazu bewegt, nicht einzugreifen oder etwas zu sagen, gegebenenfalls zu ihrem Handy zu greifen, um Hilfe zu holen, wenn sie sich selber nicht trauen? Irgendetwas kann jeder tun.
Ich glaube ich denke manchmal einfach zu viel nach.

Nachdenken....
An dieser Stelle wäre ein weiterer Moment der Gedankenpause möglich, bevor es nun in den nächsten Kapiteln weiter geht.

Ich denke zu viel

Die Welt ist rund, doch nicht immer verläuft sie auch so. Sie bewegt sich im Chaos, in einem sehr großen Ungleichgewicht und verliert sich in diesem Tag für Tag immer mehr und mehr. Kriminalität, purer Egoismus, Krieg, Heuchelei, Missgunst, sowie Neid, die Armut, Machtspiele, Krankheiten und so viel negatives finden auf ihr Platz. Gegen all solch unschöne Dinge, muss die Liebe, die Harmonie und das Miteinander ankämpfen. Ein Kampf zwischen Gut und Böse, zwischen der Symbolik schwarz und weiß oder auch Groß und Klein. Diese Welt kann so anstrengend sein und sie macht oft sehr müde. Dennoch lebe ich gerne. Ich liebe die Natur und deren Ruhe sowie das Leben einfach an sich. Ich bin erfüllt, wenn ich mit meinem Mann lachen kann, wir durch Länder und Städte reisen oder uns einfach an unserem Glück erfreuen können. Einen Menschen zu lieben und diese Liebe kompromisslos zurückzuerhalten, stellt für mich ein ganz besonderes Glück dar. Ich glaube ohne jenes Glück, wäre die Welt, wie ich sie mir trotz dieser manchmal auftauchenden grauen Wolken weiterhin gestalte, nicht so bunt. Gemeinsam ist vieles leichter, und selbst wenn die Welt draußen manchmal nicht so schön aussieht, so lässt sie sich mit dem richtigen Menschen an der Seite zu etwas sehr schönem machen. Mein Mann ist ein absolut wichtiger Bestandteil in meinem Leben, bei dem ich die Gedanken jederzeit freilassen kann. Der mich sein lässt, wie ich bin und denke. Für meinen Mann schrieb ich einmal einen Brief, in dem ich alle diese wertvollen Dinge unserer Gemeinsamkeit, versuchte, in Worte zu verpacken. Den Gedanken freien Lauf und der innere Drang, sie ihm mitzuteilen, in recht emotionalen Zeilen niedergeschrieben. Zeilen, mit meinem Gedankengut, das hinaus wollte und letztendlich dann auf dem Papier festgehalten wurde. Manche Dinge lassen sich in gesprochenen Worten nicht so gut ausdrücken oder beschreiben und geschriebene Worte verlieren zusätzlich nicht unbedingt an Emotion dabei. Ich wollte wichtige Dinge nicht vergessen und entschloss mich zu einem an ihn ganz persönlich gerichteten Brief:

Liebesbrief an meinen Mann

(Eine-Meine-Deine-wahre Liebe)
Die Liebe, bereits von vielen Malern, Dichtern, Musikern und anderen Künstlern, so oft und vielseitig verkörpert.

Bilder, Gedichte, Lieder, beschreiben die Liebe und manchmal das Leid mit ihr.
Und dennoch ist die Liebe für jeden etwas anderes. Vertrauen, Zuwendung, Verständnis, Zusammenhalt, Freiheiten und so vieles mehr, werden ihr in Form von verschiedenen Eigenschaften zuteil. Ist die Liebe wirklich in Eigenschaften festzumachen? Ist DAS die Verkörperung von Liebe, wenn ich einem Menschen einfach zuhöre? Wenn ich ihm gegenüber ein Verständnis aufbringe oder auch große Freiräume lasse? Es sind für mich ganz einfache Selbstverständlichkeiten eines jeden Menschen gegenüber und beschreibt nicht die Liebe an sich, gegenüber Dir.

Menschen lernen sich kennen, verspüren in den ersten Wochen oder gar auch Monaten das Gefühl, jede Sekunde miteinander verbringen zu wollen. Es werden Termine verschoben oder Tagesabläufe so geplant, dass ja jede Sekunde wertvoll genutzt wird.
Die Schmetterlinge regieren den Bauch. Doch nach einem Jahr oder auch zwei, sind sie nicht mehr so vorhanden wie einst zuvor. Dennoch wird von Liebe gesprochen. Es zählen nun besagte Eigenschaften und verkörpern für viele DIE Liebe. Im dritten, vierten, fünften Jahr, ist es

weiterhin "Liebe", doch jeder macht so seine eigenen Sachen, die er gerne für sich machen möchte. "Man braucht auch mal Ruhe vor dem Anderen".
Die Eigenschaften der Freiheit und der Ruhe, die weitere Verkörperung der Liebe. Das Gemeinsame, Zweisame und das Ausschöpfen jeder freien Sekunde, scheint auf einmal nicht mehr so wichtig. Man hat sich und liebt sich. "Das Erfüllen vieler Eigenschaften ist nun mal die Liebe"....NEIN, für mich nicht...Die Liebe lässt sich für mich nicht in ein paar wenige Worte oder Eigenschaften verpacken. Es gäbe nichts, woran ich sie messen, oder gar, womit ich sie denn vergleichen könnte. Wenn ich es müsste, so wäre sie der Ausdruck einer puren unerklärbaren und nicht umschreibbaren Verschmelzung. Tag und Nacht leben wir beisammen und sind uns niemals satt. Wenn der eine auch nur für Momente nicht da ist, so empfindet der Andere, dass etwas fehlt. Die Gedanken kreisen in jedem Moment um den Anderen und das Gefühl, Ruhe vor diesem haben zu wollen oder etwas alleine zu machen, einfach nicht präsent.
In dem Moment als wir uns das erstmal trafen, sagte mein Innerstes: "Das ist er.." und seit diesem Tag warst Du in mir gefestigt. Die Schmet-

terlinge auch heute noch da. Das Bedürfnis jede Sekunde miteinander verbringen zu wollen weiter vorhanden. Alles machen wir gemeinsam. Etwas ohne den Anderen machen zu wollen, für jeden von uns unvorstellbar.Jeder lebt und atmet durch die Präsenz des Anderen. Blicke, Gesten und ein silbernes Band, verbunden mit beiden Seelen, das ist unsere Sprache, unser Körper und das Elixier unseres Lebens. Ein WIR, das uns beide am Leben hält und für mich (und ich weiß auch für Dich) den Namen "LIEBE" trägt.

Die Bindung zwischen meinem Mann und mir grenzt teilweise schon an Magie. Wir erleben gemeinsam diese Welt und ihre Eskalationen. Wir geben uns gegenseitig die nötige Kraft und den Halt und jeder von uns steht am nächsten Tag gerne auf, um diese Welt zu entdecken. Sie hat viele schöne Seiten, doch machen manche Menschen diese schönen Seiten hin und wieder zu einem Scheiterhaufen. Auch wenn ich gerne hier bin, so denke ich manchmal, das ich nicht hier her gehöre. Ich sehe die Welt von so vielen Seiten und das Schlechte gewinnt immer mehr an düsterer Macht.
Das Schlechte geht in der Regel nur vom Menschen aus und dieser scheint sich in seiner Denk-

fähigkeit immer weiter zurück zu entwickeln oder völlig einzugrenzen. Es gibt durchaus gute Menschen, doch es gibt auch genauso viele schlechte von ihnen. Man möchte es noch nicht einmal unterstellen, das sie dies mit Absicht tun. Vielleicht werden sie geleitet, von den Vorgaben und den Normen dieser Gesellschaft, doch es ist oft erschreckend, wie weit sie dabei ihre wahren Gedanken verdrängen und sie nicht freilassen.
Ich glaube, das viele Menschen noch tief in sich versteckt, ähnliche Gedanken wie es die Meinigen sind, in sich tragen. Doch sie sprechen sie nicht aus. Sie lassen ihnen keinen Raum in der körperlichen Welt. Lediglich in den Köpfen dürfen sie sodann noch scheinbar ab und zu vorhanden sein. Quälende Gedanken, die belasten oder wahre Unzufriedenheit mit sich bringen können. Die Unzufriedenheit, bewirkt Handlungen und diese Handlungen weitere oftmals neue belastende Situationen oder Gedankengänge und so dreht sich das Rad der Zeit. Das eigene ICH am Ende nie wirklich ausgelebt und immer schön nach den Normen funktioniert.
Wenn das Wort SCHRÄG nicht mit der Bedeutung “von der Norm abweichend” in Verbindung stehen würde, so würde ich all das Verhalten der Masse der Menschen, als schräg bezeichnen. Ich

finde es durchaus sehr schräg, nicht seiner selbst zu sein. Nicht nach den wahren Emotionen und Gedankengängen handeln zu können, sofern sie dabei niemandem schaden, obwohl diese zu einer inneren Ausgewogenheit und Ruhe beitragen. Stattdessen wird funktioniert und das nach den Regeln und Normen unserer Gesellschaft. Das ist es doch eigentlich, was so schräg ist. Das freie Denken wird schlechthin abgeschafft und zudem unterstützt, von jedem selbst. Ich muss mir nicht vorleben oder gar sagen lassen, welche Mode ich im Sommer tragen soll. Ich muss mir ebenso nicht sagen lassen, das ich meinem Besuch etwas zu knabbern auf den Tisch zu stellen habe oder für einen bestimmten Unterhaltungswert zu sorgen. Ebenfalls muss ich auch nicht danach gehen, wie eine Party gefeiert wird, wen ich zu meinem Geburtstag einzuladen habe oder wem ich an Weihnachten eine Weihnachtskarte schreibe. All diese Dinge liegen in meiner freien Entscheidung und ich kann sie dann ausführen, wenn ich es für richtig halte und mir dies emotional und gedanklich kein Unbehagen einflößt.

Ich mache mir über vieles Gedanken, doch sehr viele dieser Gedanken kann ich auch ohne Weiteres ausselektieren. Sobald ich merke, das in mir die Gedanken etwas Negatives bewirken, so versuche ich sie eben wieder loszuwerden. Mehr Platz für die guten und interessanten Gedanken schaffen. Was habe ich davon, mich wochenlang über eine Nachricht von jemandem zu ärgern, die ich im Prinzip als gelesen hinnehmen kann und danach sogar gegebenenfalls löschen. Ich muss mir weder den Schuh anziehen, der mir nicht passt, noch muss ich dieser Nachricht eine größere Beachtung schenken. Beachte ich sie, so besteht die Möglichkeit meinen Groll über diese Nachricht oder eben etwas Klärendes ebenso in ein paar Worte zu packen und somit alles in mir loszuwerden. Danach ist das Thema an sich beendet. Ich kann mich alsdann wieder anderen Gedanken widmen, mit denen ich für mich selber, ein besseres Wohlbefinden erziele oder mich Dingen stellen, welche wirklich eine Priorität besitzen. Priorität besitzt zum Beispiel für mich, wie ich einen Tag möglichst ausgeglichen und schön gestalten kann. Dabei mache ich mir Gedanken, was ich mit meinem Mann vielleicht gemeinsam machen könnte. Wie wir am besten mit unseren Rollis von A nach B kommen.

Da wir beide in einem Rollstuhl sitzen, gestaltet sich bei uns das Leben zu Hause oftmals etwas anders als bei einem gesunden Menschen. Trotzdem bekommen wir das meiste alleine in unse-

rem Zuhause bestens noch hin. Vielleicht, weil wir uns auch dazu einfach nur darüber Gedanken machen, was wirklich wichtig ist bzw. über unsere Erkrankung eben so wenig wie möglich sinnieren. Wozu auch? Es würde uns nicht gesünder machen. Im Gegenteil, man kann in so was aufgehen und genau das wollen wir eben nicht.
Wir sind krank und wir sind im Stande, trotzdem einen Weg zu finden. Wir machen uns Gedanken, die von einer Wichtigkeit zeugen. Gedanken, die für unser Wohlbefinden von Bedeutung sind. Für einen gesunden Menschen sind die Gedanken, mit denen wir uns, wenn überhaupt, aufgrund der Erkrankungen, abgeben müssen, gar nicht erst vorhanden oder ein Thema. Dementsprechend kommen bestimmte Dinge, die ich nun als wertvoll betrachte, bei diesen auch gar nicht erst auf. Hierzu habe ich ein sehr gutes Beispiel, als ich eines Nachts, in unserem Erker saß und die Ruhe und Stille genoss.

Gedanken einer Nacht

Während ich mitten in der Nacht in unserem Erker sitze und mir dabei eine Zigarette rauche, überkommt mich im gleichen Moment ein leichtes Schmunzeln, als ich so aus einem unserer

Fenster schaue. Direkt vor meiner Nase, noch hell erleuchtet, erstrahlt das große Gebäude mit dieser etwas ganz speziellen Etage. Ich denke an Zeiten von früher zurück. An die Zeiten, in denen ich rennen, laufen und tanzen konnte. Jene, an denen ich nicht unter Schlafstörungen litt und voller Energie war. Zeiten, in denen mir die Welt eigentlich offen stand. Und dann schaue ich auf das Jetzt. Auf den Rollstuhl, auf den Alltag, auf die Dinge, die ich seit der Diagnose dann erlebt habe. Ich schaue zurück auf das Kennenlernen meines Mannes. Auf die Reisen und Kurztrips, die wir trotz unserer Handicaps unternommen haben und weiterhin auch unternehmen werden. Auf unsere ganzen Bücher, die wir schrieben, auf Bekanntschaften, die wir neu geschlossen haben und auf tolle, herzliche Menschen um uns herum. Ich schaue auf mein Kind, das erwachsen ist, auf Hürden, die wir gemeinsam durchlaufen sind und auf Steine, die immer wieder mal im Weg liegen, um uns jedes Mal daran zu erinnern, dass wir die Kraft haben, diese einfach beiseite zu räumen.Ich schaue erneut herüber auf das Gebäude, auf diese Etage und gehe abermals zurück zu diesem "Früher" und empfinde dabei nicht viel. Ich schaue auf das Jetzt, auf all das, was ich zuletzt erlebt habe. Ich kann schmunzeln und fühle mich gut. Es ist ein sehr positives Gefühl, denn die Zeiten, in denen ich alles noch konnte, waren Zeiten, in denen das selbstverständlich schien. Die Zeiten so, wie sie heute sind, sind besondere Zeiten. Ich erfreue mich an kleinen Dingen. Ich schätze jeden Tag und liebe jeden Moment. Das Gebäude gegenüber mit seiner speziellen Etage ist, *was für eine Ironie*, ein Fitnessstudio! Darin sind Menschen zu sehen, die heute das können, was ich auch einmal konnte und innerlich frage ich mich gerade, ob sie auch irgendwann einmal diese andere Seite empfinden werden? Die Seite der Zufriedenheit, dem Schätzen und die Freude auf jeden Tag. Auf das Leben?

Ich habe Glück, das ich das jeden Tag aufs Neue erleben darf und erlebe es sogar tagtäglich auch immer wieder sehr gerne.

Ich fühle, ich bin im Einklang mit meiner selbst und ich hoffe, das viele andere dieses positive, schöne Gefühl auch einmal in ihrem Leben genauso erfahren werden. Für die Menschen in dem Fitnessstudio besitzt es an Priorität, in diesem Moment, einen gut geformten und vor allem trainierten Körper zu erhalten. Ein gutes Bild zu machen und dabei vielleicht auch der eigenen Gesundheit etwas Wohles zu tun. Der Ansatz, der Gesundheit etwas Wohles zu tun, ist gut,

doch die Priorität, nach außen einen durchtrainierten Körper zu haben, mit dem Motiv, das andere sie toll oder auch beneidenswert finden, wäre verkehrt. Es würde demnach an oberster Stelle nur trainiert werden für andere. Das eigentliche ICH, dabei eher ein kleiner Nebenläufer. Ob sie sich einmal zwischendurch Gedanken machen über Menschen im Rollstuhl, wie ich es als Rollstuhlfahrer über sie mache? Ich wage es zu behaupten, dass es wenn, dann nur eine kleine Minderheit wäre, die das täte. Für mich ist es wichtig alle Seiten sehen zu können. Jede Art eines Menschen, ob nun krank, gesund, groß, klein usw. zu beobachten und ihn in dieser Welt als einen Teil davon zu betrachten.
Ich lebe nicht, um es anderen anhand Äußerlichkeiten beweisen zu müssen, etwas zeigen zu müssen oder gar mich sämtlichen Normen anzupassen. Ich lebe, weil ich etwas Einzigartiges bin, wie es jedes Lebewesen eigentlich ist. Jemand, der ein eigenständiges Denken besitzt und die Möglichkeit nutzt, diese Vielseitigkeit der Welt genauer anzusehen. Dabei bleibt es mir überlassen, wie weit ich mir die dazugehörigen Emotionen eingestehe und sie anhand diverser Gedankengängen zu Worte kommen lasse. Für mich ist wichtig, dass ich es kann und es mir weder von

irgendwem verbieten lassen muss, noch das mir dies einer wegnehmen könnte oder mich zwingt in eine ganz bestimmte Norm hineinzugehören. Eine Norm, die häufig das eigentliche ICH nicht auslebt, sich manipulieren und blenden lässt, von Vorgaben, die irgendjemand oder irgendetwas erschaffen hat, welchem die Weitsichtigkeit und die Vielseitigkeit von Geist und Seele nicht wirklich bewusst war. Oder aber es war bewusst und wurde sich mit diesem Wissen einfach zunutze gemacht.

Menschen sind eigentlich Rudeltiere und sobald sich ein Rudel gefunden hat, kommen immer mehr dazu, so scheint es mir ganz oft. Das eigene ICH auszuleben, seinen Gedanken freien Lauf zu lassen, das haben viele Menschen völlig verlernt. Die Werbung ist mit einer der größten Manipulationsmethoden, neben solchen Menschen, denen es gelingt, eine breite Masse rhetorisch auf ihre Seite zu ziehen. Der Mensch mag Belohnungen und erfreut sich über kleine Geschenke. Ein Zugmittel, um die scheinbaren Versprechen zu untermauern, die am Ende wie kleine Seifenblasen platzen. Politik, Wirtschaft (Kaufhäuser z. B.) locken mit Versprechen oder kleinen Aufmerksamkeiten, über die sich die Menschen freuen. Sie steigern das Wohlbefinden und bekräftigen

den Lauf in eine regelrechte Falle. Hin und wieder fallen solche “Spiele” auf. Sie werden durch andere Menschen aufgezeigt und aufgeklärt. Die Masse ist innerlich für eine kurze Zeit sogar empört. Die Gedanken dazu, von Unverschämtheit, bis hin zu Betrug, kreisen zwar zeitgleich in ihren Köpfen, aber dennoch folgen keine Handlungen. Im Gegenteil, es wird einfach hingenommen, das man die Köpfe der anderen verarscht hat und damit hat sich die Sache auch erledigt.
Ich verstehe es oft einfach nicht. Warum macht keiner den Mund auf. Es erinnert mich immer wieder an das Märchen: Des Kaisers neue Kleider, nur das hier das kleine Mädchen einfach fehlt. Vielleicht möchten die meisten Menschen auch gar nicht dieses Mädchen sehen, das in seiner Ehrlichkeit die Masse darauf hinweist, das der Kaiser eigentlich nackt ist und sie alle nur dem Trugbild nachgeifert sind. Was hat die Masse dazu bewegt, obwohl sie den nackten Kaiser sahen, ihn dennoch mit ihrer Bewunderung zu belohnen. Wollen die Menschen so blind sein oder sind sie es letztendlich sogar wirklich? Ist Trug Schein vielleicht sogar das, was ihnen ein gutes Wohlgefühl verschafft? Ist die Manipulation der Gesellschaft schon so enorm groß geworden, dass es niemandem oder nur sehr Wenigen

auffällt? Ja, ich frage mich das immer wieder und ich frage mich zudem, warum Menschen eher anderen nach dem Mund reden, als die Wahrheit zu sagen oder sie hören zu wollen? Was läuft da verkehrt in ihren Köpfen? Noch viel schlimmer finde ich an allem, das den Menschen so oft klar und bewusst ist, das sie einer Lüge oder einem eigentlichem Trugbild und Schein hinterherjagen und es einfach trotzdem tun. Was ist mit der Eigenständigkeit? Wo bleibt der innere Ansporn, diverse Ziele auf seine ganz eigene Art zu verwirklichen?

Ich persönlich empfinde immer einen gewissen Stolz, wenn ich ein Ziel vor Augen hatte und es mit meiner Methodik und meiner Eigenständigkeit erreicht habe. Ziele sind dazu da, um sie zu verwirklichen und diesbezügliche Gedanken sind dazu da, um darüber ausgeprägter Nachzudenken, wie sie eventuell zu erreichen wären. Wie man sie umsetzen kann und ihnen somit das Wohlgefühl entlocken. Ich möchte ohne einen Navigator oder einer besonderen Anleitung in das Ziel einkehren. Dafür benötige ich meine Gedanken, sowie meine Träume und meine Pläne. Alles Dinge, die in meinem Kopf stattfinden und darauf warten verwirklicht zu werden. Das eigenständige Denken ist einfach so wichtig!

Manipulation

Manipulationen sind mittlerweile zum alltäglichen Bestandteil geworden und sie begegnen uns in so vielen Bereichen.
Die wohl bekanntesten Manipulierer sind Kaufhäuser und natürlich ganz weit oben stehend, die Medien. Ein gutes Werkzeug, um einen Menschen nach Strich und Faden zu manipulieren, um ihn Dinge machen zu lassen, die er eigentlich aus seinem Innersten heraus gar nicht machen würde. Die Medien haben die Gabe, etwas so darzustellen, dass es den Anschein erweckt, ein bestimmtes Produkt wäre ganz außerordentlich gut oder die jeweilige Nachrichtenmeldung als absolut seriös und der Realität entsprechend anzusehen. Gezielt werden Meldungen, mit dem Streben, eine hohe Aufmerksamkeit zu erzielen, ohne einer größeren Recherche, an die Öffentlichkeit gebracht. In der Öffentlichkeit finden sich ebenfalls weitere Werkzeuge, und zwar in Form von jenen Menschen, die ebenfalls ohne genaue Recherche die Meldungen in den sozialen Netzwerken & Co verbreiten. Und dann beginnt das bekannte Stille Post Spiel. Spekulationen sowie eigens interpretierte Aussagen werden zu bereits inkorrekten Meldungen ergänzt und der in-

zwischen bereits hoch angesiedelte Mob, verteilt es weiter. *“Teilt ja jeder, mache ich das also auch einfach mit”.* Natürlich muss ja etwas dran sein, wenn eine so große Masse die Nachricht weiter verbreitet. Ab und an taucht hier und dort mal ein Menschlein auf, das dann versucht, Falschmeldungen richtigzustellen, doch hat er es einfach schwer, gegen solch einen großen Mob anzukommen. Es ist oftmals zum Kopfschütteln, wie leichtgläubig und extrem sensations- und aufmerksamkeitsgeil viele Menschen sind.

Ein Großteil versucht daraus häufig einen eigenen Profit zu schlagen und dabei weitere Aufmerksamkeit auf sich selbst zu erzielen. Eine Neverending Story manchmal, die sich mir einfach nicht erstreckt. Obwohl sogar manche Menschen an der Falschmeldung zweifeln, teilen und viel schlimmer noch, verbreiten sie es in den öffentlichen Netzwerken. In ihren Köpfen ist eigentlich so was von klar, dass irgendetwas nicht stimmen kann, doch es ist ihnen im nächsten Moment wieder egal. Hauptsache man hat etwas geteilt und ob dass dann ein Hund ist, der anscheinend (jedoch so was von unrealistisch) goldene Haufen legt, ist einfach egal. Mir fehlt sehr wohl das nötige Verständnis gegenüber Menschen, die recht unüberlegt und ohne sich davon zu überzeugen,

was nun wirklich stimmt und was eine wahre "Ente" ist, solche Dinge verbreiten. Das Schlimme ist, das dies nicht nur Nachrichten betrifft, sondern eben Dinge jeglicher Form und Farbe. Es wird geworben, das ein bestimmtes Produkt in kürzester Zeit die Haare enorm wachsen oder eine recht ominöse Creme, Falten und Augenringe verschwinden lässt. Untermauert mit einem Video, das eine ältere Dame mit Falten und recht dicken Augenrändern zeigt, die mit dieser Creme behandelt wird. Natürlich ist in dem Video zu sehen, wie alles plötzlich verschwindet und das Gesicht um Jahre jünger aussieht. Ist ja toll und ist auch ganz schöner Mist, denn die Creme macht überhaupt gar nichts weg. Sie lässt die Stellen im Gesicht lediglich anschwellen und somit die zuvor gezeigten Falten unter dem angeschwollenem, Hokus Pokus verschwinden.
Prima, das Übel ist nu weg, aber dafür hat man am Ende kleine geschwollene Berge im Gesicht, die ganz bestimmt nicht dazu beitragen, der Haut zum einen etwas Gesundes zu geben und zum anderen die natürliche Gesichtsform durch kleine Deformierungen nun zu ersetzen.
Ich bin richtig begeistert davon, im ironischen Sinne und obwohl es so einfach ist, hinter diese Lüge zu steigen, wird solch eine Werbung fleißig

verbreitet und weiter hoch angepriesen. Sie wird von einer größeren Masse geglaubt. Obwohl die meisten sogar wissen, dass es Quark ist, denn das sagt eigentlich schon die Vernunft und ihr gesundes Denken, das es purer Humbug sein muss, unterstützen sie solch eine Massenverbreitung. WARUM???

Keiner hinterfragt großartig und das Denken scheint mir in dem Moment wie abgeschafft. In der Werbung, den Nachrichten oder in der Politik, einfach überall funktioniert dieses System der Manipulation. Der größte Teil der Menschen lässt sich sogar oft wissentlich sehr stark manipulieren und gleichzeitig manipulieren sie sich dabei noch selbst. Ob dieses nun bewusst oder unbewusst, beides findet sich immer wieder in unserer Gesellschaft.

Es erzählt zum Beispiel jemand etwas aus seiner Sicht. Sein Erlebtes, seine Story. Jemand anderes erzählt diese Story weiter und bei dem Weiterleiten bekommt das nun zusätzlich eine kleinere Menschengruppe mit. Diese verbreitet das Erzählte ebenfalls weiter in seinen eigenen Kreisen und Gruppen und es geht weiter und weiter. Am Ende ist somit eine ganz schöne Story entstanden, von denen ALLE eben nur die Version des einen Urhebers kannten, jedoch weder irgendetwas hinterfragt oder genauer recherchiert wurde. Im Arbeitsleben, in der Schule, im Privatleben, überall sitzen diese Massenverbreiter und Nichtnachdenker und verbreiten eine Menge Quatsch und Quark. Das, was am Ende dann verbreitet wird, macht noch nicht einmal das eigentliche Kopfzerbrechen, wenn man weiß, das es sowieso Unsinn ist. Eher das "warum", sowie die Frage, was es ihnen dabei eigentlich überhaupt bringt und vor allem, ob sie es gar nicht merken, was sie da machen? Das Erschreckende daran ist, dass die Menschen, die das machen, nicht alle unter einer geistigen Einschränkung leiden, die nun erklären könnte, dass sie es einfach nicht wissen konnten, sondern es handelt sich um Menschen, die aus verschiedenen Kreisen und Sparten kommen. Von Doktoren bis hin zu Polizisten, Lehrer und weiter zu den regulären Handwerkern oder auch Geistlichen. So viele verfallen der Manipulation, da sich kaum einer bemüht, irgendetwas zu hinterfragen oder einmal den Gedanken, den wirklichen Gedanken, freien Lauf lässt.

Es sind Menschen, die im Kaufhaus auf die extra beleuchtete Fleischtheke hereinfallen. Menschen, die sich von den Werbestrategien, sei es nun die absichtlich zum Kauf animierende Regalanordnung oder der Musik und Duftwerbung in den Geschäften, total beeinflussen lassen und genau das machen, was schließlich alle anderen ebenfalls machen. Ich verzweifle manchmal, glaube zudem oft daran, dass die Menschen das sogar wollen. Es ist ja auch wesentlich praktischer, wenn man selber nicht mehr so viel Nachdenken muss, wenn einem alles schön zubereitet daher gelegt wird und es ist am Ende auch völlig egal, ob es manipuliert war oder nicht. Der Egoismus und die Gier, ist höher und die Konsequenzen erst einmal völlig egal. Bis man in einem Netz steckt, in welchem das eigenständige Denken gefordert wird und man dieses nicht mehr kann, weil alles so schön vorgegeben war.

Wer sich darüber keine Gedanken machen musste, ob er genügend zu essen hat, weil es ja immer im Überfluss vorhanden war und einem regelrecht dargelegt wird, der wird in einer Not, wo es kaum etwas zu essen gibt, wohl Schwierigkeiten haben, damit zurechtzukommen und nach Lösungen zu finden. Wer über solche Dinge nachdenkt, sich hin und wieder mit der Menschheit etwas befasst und sowohl das Elend als auch die Nöte sieht, der wird daraus etwas lernen. Funktioniert aber nur mit DENKEN. Ein weiteres Beispiel stellt folgender Text von mir dar, den ich einmal verfasste: *(Ich habe heute einen wichtigen Termin verpasst) Musste dringend auf die Toilette. Jetzt ist die Kacke am Dampfen...*

EIGENTLICH ein ganz einfacher zusammenhängender Text, mit einer relativ klaren Aussage. Den ersten Satz jedoch mal in Klammern gesetzt, fördert beim Lesen des Textes letztendlich ein ganz anderes Resultat im Kopf. Viele Menschen neigen daher dazu, eher die dampfende Kacke als Folge des Toilettengangs zu interpretieren, als die Aussage, die sich auf meinen verpassten wichtigen Termin bezieht. Und so verläuft es leider mit sehr vielen Dingen, die gelesen, gehört, oder angesehen werden. Die Interpretationen mancher und sowohl ihre Weiterverbreitung, sind schon oft erstaunlich und abenteuerlich. Besser wäre es, einfach mehr (Nach)-zudenken oder zumindest mal ein wenig zu hinterfragen. Und wenn es nur ein Post in Netzwerken ist oder irgendwelche Aussagen, die jemand von sich gibt. Es ist nicht alles immer so wie es scheint. Der Schein ersetzt oftmals die Wirklichkeit. Ach und noch etwas für all die Toilettenganginteressierten: Natürlich ist die Kacke nicht am Dampfen, denn ich spülte sie direkt herunter.

Das Geschäft mit dem Stress

Stress ist ein großes Thema in unserer Gesellschaft und die Nerven bei vielen sind sehr angekratzt. Überladen und überschüttet mit all den Vorgaben, Normen und dem gesellschaftlichen Druck, ein bestimmtes Bild abzugeben, leben die Menschen ihren Alltag. Innerlich stressen sie sich selber damit ab, nach außen ein gutes und vorbildliches Leben zu führen, um dann geistig und körperlich irgendwann völlig kaputt zu gehen. Spätestens an dem Punkt kommen diverse Kraft schöpfende Tee´s, Nervenfutter oder Antistress-Masken ins Spiel. In sehr vielen Kaufhäusern erhältlich und in Massen verkauft. Nahrungsmittel, die eine ausgeglichene Darmflora begünstigen sollen oder Getränke, die ausreichend Energie versprechen, finden sich bei jedem Zweiten im Einkaufswagen. Es ist richtig leicht, sich die entsprechenden Anti-Stress und Wohltatmittel anzueignen. Der viele Stress, die innere Nervosität und eine enorme Unausgeglichenheit, sollen schnellstmöglich verschwinden und mit unterschiedlichen Produkten das Wohlbefinden deutlich verbessern. So ein großer Humbug ist das alles! Wenn ich Stress habe, muss ich dafür sorgen, dass er sich vermindert. Ebenso meine Nerven schonen, indem ich bestimmte Situationen einfach gar nicht erst zulasse. Meine Nervosität und die dazukommende schlechte Darmflora brauchen nicht das Wundermittel, das alles wieder in die Ausgewogenheit bringt, sondern mein Kopf ist es, der definitiv ein Ende all dieser negativen Einflüsse benötigt. Wenn sich in meinem Kopf so viele Gedanken über dieses und jenes befinden, wird mir die Anti-Stress-Maske wohl kaum ausreichend dazu verhelfen können. Es besteht zwar die Option, während dem Einziehen der Maske, das Gedankengut im Kopf zu sortieren, doch es wird lieber darüber nachgedacht, ob die Haut nach der Maske schön weich ist oder ob sie auch die nervigen kleinen Pickelchen vermindert. Mit dem Produkt für eine "fluppende" Darmflora verhält es sich ähnlich. Selbst wenn der Darm wieder richtig in Gang gesetzt wurde, so ist es nur eine Frage der Zeit, bis sich das Problem erneut einstellt, denn ich kann innere Nervosität nicht damit beheben. Die Nervosität findet ihren Ursprung im Kopf. In den Gedanken, die einen nervös werden lassen oder die die Nervosität aufgrund Erlebtem ausgelöst haben. Das alles lässt sich mal nicht eben so wegschlucken oder hinunterspülen. Es muss geklärt werden, teilweise ausgebremst oder gar hinfort gefegt. Der Kopf braucht klare Gedanken und keine, die einen auffressen und zudem körperliche Folgen mit sich bringen. Das, was ich mit den jeweiligen Produkten aufheben kann , ist die Symptomatik, doch die eigentliche Ursache ist damit in keinster Weise aufgehoben. Das Geschäft hingegen mit all den jeweiligen Anti-Stress und Nervenfutter Produkten, läuft wunderbar. Die Menschen investieren gerne ihre Zeit und natürlich auch ihr Geld, in den vorgegaukelten Mitteln, die eine Abhilfe schaffen sollen. Zeit ist etwas, das die meisten scheinbar nicht haben. Alles muss schnell gehen und schnell wirken. Wenn sie allerdings all die Zeit, die sie damit verbringen, in die jeweiligen Geschäfte zu laufen um sich mit den scheinbar wohltuenden Produkten einzudecken, besser in jene Zeit investieren würden, ihre Gedanken zu sortieren und sich Gedanken dazu zu machen, wie sie die stressenden Einflüsse abwenden oder zumindest an sich abprallen lassen können, so würden sie abgesehen von dem effektiveren Wohlbefinden, auch noch jede Menge Geld sparen. Man kann das alles sogar, wenn man gläubig ist, ab dem Ursprung zurück verfolgen, das ein Sortieren und gar reflektieren der Gedanken wichtig ist. Selbst der Boss da oben im Himmel, hat sich eine solche Gedankenpause bei der Schöpfung eingerichtet. Sechs Tage schuf er und am siebten Tag folgte das Ruhen. Der Blick auf das zurück, was in den sechs Tagen zuvor erschaffen wurde. Die Gedanken diesbezüglich laufen zu lassen und an dem zu erfreuen, was er geschaffen hat. Der siebte Tag wurde rein dem theoretischen Teil gewidmet. Gedanken darüber, ob alles gut so ist, wie es ist, mit dem weiteren Punkt, das Erschaffene als einen Abschluss betrachten zu können. Gedanken, die wir in unseren Köpfen haben und die uns keine innere Ruhe einbringen, sollten dementsprechend selektiert werden. Wenn es einem schwerfällt, dies einmal täglich zu absolvieren, so wäre ein fester Tag, also ein Tag der Gedanken und des Denkens, hilfreicher, als sich alltäglich weiter und weiter damit herumzuschleppen. Sich einfach ein paar Gedanken darüber zu machen, wie sich eine Situation aufheben lässt, wie sie geklärt werden könnte und vor allem wie es sich vermeiden lässt, das eine solche erneut so viel Platz in einem drin, erhalten kann. Solange der Weg des Zulegens diverser Produkte gegangen wird und der Irrglaube, damit die jeweiligen Stressprobleme zu beseitigen, solange wird es auch den Verkauf und die Vermarktung geben. Ebenso den leeren Geldbeutel.

Ertappt

Ich werde sicher nicht behaupten, dass ich alles was ich mache, zuvor äußerst bedacht habe oder mein Leben nur noch aus sinnvollen oder absolut heldenhaften Handlungen besteht. Mit Sicherheit nicht und ich lerne jeden Tag und das sogar sehr gerne und vor allem immer wieder, etwas Neues dazu. Ich mag es eben nun mal, über Dinge nachzudenken, mich mit ihnen auseinanderzusetzen und meine eigenen Gedanken, mein ICH, darin zu erweitern.

Meine Gedanken sind oftmals recht vielseitig gespickt. So komme ich von einem bestimmten Song, der vielleicht in meinem Kopf gerade herumgeistert, auf den Ablauf einer bestimmten Unternehmung. Nebenbei fallen Dinge wie Mittagessen oder das ich einen Kaffee trinken möchte noch ein. Zu den eh schon bisherigen Gedanken kommen dann auch jene, am Abend vielleicht zu puzzeln oder etwas gar ganz anderes machen zu wollen. Vielleicht lieber einen Film anschauen? Wir könnten ebenso lecker essen gehen oder gar unter die Dusche? So geht es kreuz und quer und während all die Dinge in meinem Kopf umherschwirren, sammle ich dazu noch die Erlebnisse des Tages. Meine Beobachtungen, wie beispielsweise die Tauben, die im Schwarm von dem einen zum anderen Dach fliegen. Oder die eine Frau, mit ihrem schwarzen Hund, den sie kaum halten kann. Ach und dann sehe ich noch unsere Nachbarin, mit einem neuen Auto oder... *Oh, das Telefon klingelt und es wird ein längeres Gespräch.*

Telefonieren empfinde ich oft als sehr anstrengend, denn während eines Telefonats nehme ich erst mal alles in meinem Kopf auf, worüber dann gesprochen wurde und wandle es dennoch irgendwie zeitnah mit in brauchbar oder nicht brauchbar um. Da ich an vielem interessiert bin, ist vieles für mich brauchbar und der Speicher in meinem Kopf irgendwann recht voll. Das sind Momente, in denen ich mich kurzweilig ausklinken muss, da all die ganzen Dinge in meinem Kopf erst einmal verarbeitet sein wollen. Wenn mir dies während eines Gespräches innerhalb in unserem Umfeld von Angesicht zu Angesicht passiert, so kommt es mitunter bei mir, nach einem

bestimmten Zeitpunkt ebenfalls dazu. Ein Ausklinken und kurz mal weg. Ich werde für einen kleinen Moment ruhig, sammle, selektiere und verarbeite. Das klingt schon fast wie nach einem PC und eigentlich ist unsere Schaltzentrale da

oben auch von der Handhabung und Ausführung nichts anderes. Beziehungsweise man kann auch sagen, dass der PC nach dem Prinzip unseres Gedächtnisses erfunden wurde. Nur das er in der Lage ist, mehr abzuspeichern als wir.
Häufig wird mir beim "in mich kehren", die Frage gestellt, ob alles Okay ist oder ob es mir gut gehe. Meist antworte ich dann auch mit einem Ja. Was soll ich auch groß sagen? "Hey ich selektiere gerade das, was Du mir gesagt hast, nach wichtig und unwichtig." Uuuund zack ertappt. Der Punkt, an dem ich mich selten, aber auch schon mal, nicht in meinen Gedanken zu erkennen gebe. Auch bei mir besteht in dem Moment der Gedanke bloß nichts zu sagen, was ich da jetzt gerade mache, um mein Gegenüber nicht zu verletzen. Dabei ist es nicht einmal eine wahre Verletzung, sondern einfach nur das, was mein Gehirn, meine Gedanken, mein ICH in dem Moment mit mir anstellt.
Ich möchte so viel wie möglich mein ICH ausleben und behalten. Doch es gibt eben Dinge, wie genau der eben erklärte Punkt, bei denen ich es nicht einfach so kann. Das bedeutet nicht, dass ich es gar nicht kann. Ich ertappe mich bei der Handhabe, nämlich die der aus Rücksicht und aus einem gewissen Schutz, meine Gedanken

nicht so offen preiszugeben. Wenn ich dieses meinem Gegenüber erklären würde, kämen vielleicht neue Fragen auf, weitere Informationen und ich muss noch mehr verarbeiten oder eben selektieren. Nein, dann lieber der Stopp und nach einem kurzen Moment bin ich auch wieder bereit für Neues.

Einer der Menschen, denen ich in dem Moment wo ich mich sammeln muss, frei sagen kann, dass ich mal eben eine Denkpause benötige, ohne das ich mich darauffolgend erklären müsste oder es gar missverstanden würde, ist definitiv mein Mann. Er bekommt es immer wieder mit.

Manchmal fragt er mich, woran ich gerade denke. Gelegentlich erzähle ich ihm dann von meinen Gedankengängen und manchmal folgt auch nur ein "Ach an nichts Besonderes." Es ist nicht aus dem Grund, das ich ihn nicht daran teilhaben lassen möchte, sondern einfach der Punkt, an dem ich selber entscheide, was von Wichtigkeit zeugt und was nicht. In der Regel erzähle ich meinem Mann sowieso später doch von den Gedanken und das weiß er auch. Selbst wenn ich es nicht täte, so würde er es mir nicht übel nehmen. Er lässt mich so sein, wie ich bin und meine Gedankengänge kommen und gehen, ohne darüber stinkig zu sein, dass ich sie ihm nicht direkt mit-

teile. Er weiß sehr genau, dass alles was ich für wichtig halte, mit ihm auch teilen würde. Mit unwichtigen Dingen muss und möchte ich meinen Mann erst gar nicht belasten. Außerdem denkt er selber gerne viel nach.
Nein, wir schweigen uns als Denker nicht den ganzen Tag an. Im Gegenteil, da wir sehr oft das Gleiche denken, geschehen bei uns viele Dinge wie automatisch. Es muss nicht erst groß diskutiert oder gefragt werden. Jeder weiß, wie der andere tickt und aufgrund unserer sehr ähnlichen Denkensweise, läuft es Hand in Hand über. Es erspart nicht nur manchmal Nerven, sondern auch Zeit. Zeit, die wir dann mit gemeinsamen Aktivitäten verbringen können, weil das eine schon durch den anderen erledigt wurde. Es ist toll, einen Partner an der Seite zu haben, der mitdenkt und vor allem auch hinterfragt. Das macht vieles manchmal recht spannend. Doch noch einmal zurück zu dem Ertappten. Ein weiteres Beispiel, wie es dennoch schon mal passieren kann. Ich treffe während eines Arztbesuches einen alten Bekannten und er fragt mich, wie es mir geht. "*Och ja*", sage ich, "*ganz okay*" und denke mir im gleichen Moment: *"Bist Du eigentlich bescheuert? Was redest Du da? Dir geht es überhaupt nicht okay. Nicht mal angehend ein "so*

lala." Dir geht es beschissen und Du erzählst was von Okay!" Mir bleiben nach dieser Antwort nur noch zwei Möglichkeiten. Entweder ich sag ihm nun, das es mir eigentlich nicht Okay geht, was mein Arztbesuch an sich schon vermuten lassen könnte, oder ich bleibe bei der zuvor abgegeben Antwort und kann mich am Ende aber nicht beklagen, wenn der Jenige wirklich im Glauben ist, das es mir gut geht und mich sodann dementsprechend zutextet. Dementsprechend hätte in diesem Fall bedeutet, das er mir wie so oft schon, von seinem halben Leben erzählt, ich ihm aus Höflichkeit einfach freundlich zunicke und mit einem Oh oder Ach antworten werde. Die ehrliche Antwort wäre klipp und klar, das ich tierische Kopfschmerzen habe, die miefige Luft in der Praxis mir zusetzt und ich total k. o. und abgeschlagen bin. Demzufolge würde ein normal denkender Mensch nun wissen, dass man nicht gerade jetzt, der ideale Gesprächspartner für irgendwelche abenteuerliche Erzählungen ist.
Ich entschied mich für die ehrliche Variante, da ich mich wirklich sehr erledigt fühlte und zudem keine Lust auf ein ewig langes Gespräch besaß.
Entgegen meiner Erwartung, dass er mich sodann in Ruhe ließe, fängt er knallhart an, mir von der arbeitsreichen Woche zu berichten. Innerlich ein

Toben in mir und ich teilte ihm kurzerhand mit, das ich gerade überhaupt nicht in der Lage bin irgendetwas aufzunehmen und mir mein Kopf tierisch brummt. Er stoppte seinen aktuellen Roman nun ab, guckte mich ein wenig
geknickt an und siehe da, er brachte ein "Oh, Entschuldigung." über seine Lippen. Endlich Ruhe und die Hoffnung bald aufgerufen zu werden, um aus der Miefbude zu verschwinden. Es dauerte noch eine kurze Weile, doch in dieser fühlte ich mich innerlich sehr gut.
Ich hatte das getan, was ich wollte, nämlich meine Ruhe haben und dies aus meinem Inneren zu Worten gebracht. Das war die richtige Entscheidung, sowie auch der einzige Moment an diesem Tag, an dem es mir wahrhaft gut ging.
Obwohl ich diesem alten Bekannten mitgeteilt hatte, das es mir nicht gut geht, hat es ihn nicht ausgebremst, mir seine Storys erzählen zu wollen. Ich weiß nicht, was er an meiner Aussage nicht verstand, doch kam irgendwas bei ihm wohl nicht an. Oder es war ihm schlichtweg egal. So wie es oft bei den Menschen ist. Sie fragen einen etwas, recht automatisiert, weil man das ja eben immer so macht, erhalten dann eine Antwort darauf und kommen, ohne auf die doch zu-

vor gegebene Antwort überhaupt einzugehen, auf ein ganz anderes Thema.
Dann fragt mich doch einfach nicht...! Das empfinde ich z. B. als schräg, nicht normal und auch nicht als bedacht. Diese Automatismen, ganz gleich ob innerhalb eines Dialoges oder der Ausführung mancher Taten, sind für mich etwas sehr Abtörnendes an einem Menschen. Das bedeutet nun nicht, das ich ihnen mit diesem Vorurteil von vorneherein den Rücken kehre, allerdings beste Freunde, würden wir nie werden.
Ich mag es nicht, wenn ein Dialog oberflächlich oder einseitig verläuft. Oberflächlich ist ein großer Teil unserer Gesellschaft. Menschen werden in erster Linie nach dem äußerlichen Erscheinungsbild, nach Kleidung manchmal auch nach ihrer Habseligkeit beurteilt. Dabei gibt es sowohl nette arme Menschen, genauso wie nette reiche Menschen. Trotzdem gibt es auch die Menschen, die einfach Arm und Reich in jeweils eine bestimmte Sparte stecken und Eigenschaften andichten, die auf beiden Seiten nicht zu finden wären, wenn man mal nicht nur die Oberfläche betrachten würde. Menschen, die egoistisch und relativ wenig denken. Die alles andere schlecht reden, was nicht in ihre Welt passt und sich diese so gestalten, wie sie sie es möchten.

Komm auf den Punkt

“Komm mal auf den Punkt!”Ein Satz, den wahrlich jeder schon in seinem Kopf während eines Dialoges, mit einer anderen Person, erklingen hörte. Wer hat noch nicht dieses Bla, bla bla und dann habe ich...Bla, bla, bla und die Woche davor... Bla,bla bla die hat einfach... Bla,bla bla .. Erlebnis gehabt, während jemand etwas erzählt und erzählt und am besten noch mit der Kirche um´s Dorf und einmal zurück. Ein langes Sprachangebot, auf eine simple Frage und diese Person hört doch einfach nicht auf, zu erzählen. Besser noch, sie beantwortet die Frage erst gar nicht und am Ende weiß keiner mehr so ganz, warum der Dialog überhaupt zustande kam.
Das Prinzip der Kommunikation hat zwei Grundlagen, und zwar folgende: Man benötigt einen Sender und dazu einen Empfänger. Das Ganze spielt sich dann wie ein Ball, von einer Hand in die andere, hin und her.
Manche Sender neigen allerdings ganz schön dazu, den jeweiligen Empfänger voll zu senden, dass dieser irgendwann wie eine Antenne, die durch einen starken Sturm abgeknickt wurde, nichts mehr empfangen kann. Man kann nun einfach erst einmal abwarten, bis der Sturm vor-

beigezogen ist und dann die Antenne wieder ordentlich aufrichten, oder man gibt sich mit einem deutlich schlechteren Empfang zufrieden und erhält dadurch lediglich einen Bruchteil von diversen Informationen. Beides sind definitiv unbefriedigende Lösungen, denn eigentlich möchte ich nur ganz normal, und ohne große Problematiken etwas empfangen.
Ich muss mich dem Ganzen nun entweder aussetzen oder ich muss es beenden, um mein inneres Wohlbefinden wieder in positive Bahnen zu leiten. Kurz gesagt, ich kann mein Gegenüber weiterhin erzählen lassen, mich innerlich total abnerven und abwarten, bis er fertig ist oder ich beende das alles vorzeitig und sage klipp und klar, dass man nun bitte auf den Punkt kommen mag. Die meisten Menschen trauen sich nicht, ihrem Gegenüber mitzuteilen, wenn er oder sie einen mit langen Romanen zuquatscht und schlimmstenfalls noch dafür Sorge trägt, wenn man sich plötzlich eingeengt, erdrückt oder völlig überreizt fühlt.
Das Gehirn macht in solchen Momenten sogar einen Schlussstrich drunter, indem es ganz einfach nicht mehr die kompletten Sätze aufnimmt und sich mehr auf Nebengeräusche konzentriert.

Mit ganz viel Glück bietet sich in den Augenblicken der Reizüberflutung, ein rettender Telefonanruf oder ein Bekannter, egal wer, Hauptsache jemand, kommt genau in der Zeit vorbei. Vielleicht passiert in dem nächsten Moment auch etwas, das dann von diesem eigentlich nervraubenden Gespräch weg kommt.
Mit viel Pech ist man allerdings solch einer Situation völlig ausgeliefert und das so lange, bis man sie beendet hat oder irgendwie die Flucht ergreift. Gründe wie ein zufällig vergessener Termin oder Erledigungen, können eine rettende Lösung darstellen.
Trotz allem und egal mit welcher Lösung man aus dieser "Bla, bla bla Situation" herauskommt, hat es bei einem solche Spuren hinterlassen, das man darüber nachdenkt, sich innerlich ärgert die Person gesprochen zu haben oder zumindest eine reizüberflutete und negative Stimmungslage verspürt. Dabei hätte ein nettes Nachkommen mit der Aufforderung, die eigentliche Frage zu beantworten oder den ersinnten Punkt der geführten Kommunikation nun auch anzuschlagen, sofort eine Abhilfe geschaffen.
Es ist nicht unhöflich zu fragen, um was genau es eigentlich geht oder was einem sein Gegenüber überhaupt mitteilen will. Unhöflicher ist es eher,

sich einem für sich selbst reiz überflutendem Gespräch auszusetzen, welchem man letztendlich irgendwann nicht mehr folgen kann und sich im Nachhinein über die Person aufregt oder ärgert. Oder ihr auch nachsagt, dass sie redet wie ein Wasserfall. Niemand muss sich dem Wasserfall aussetzen.

Die Ehrlichkeit in den Momenten bleibt bei sehr vielen Menschen außen vor. Und dies alles auch nur, weil irgendwer einmal gesagt hat, das es unhöflich sei ein Gespräch zu unterbrechen oder sein Gegenüber nicht aussprechen zu lassen. Einfach, weil irgendwer gesagt hat, dass man den anderen Menschen immer schön zuhören sollte.

Zuhören ist völlig in Ordnung, doch wenn der eigentliche Kern nicht zum Vorschein kommt und jemand lediglich das Bedürfnis hat, anderen sein komplettes Leben, in ganz wenigen Minuten aufzutischen, so ist es ein Problem dieser Person selbst und nicht das des Zuhörers. Aus irgendeinem Grund besitzt der Redner diesen Drang, jegliche Details zu benennen. Er ist es, der an sich arbeiten muss und einen Weg finden muss, eine Kommunikation im angemessenen Rahmen aller Beteiligten zu führen, wenn er möchte, das ein Dialog einen entsprechenden Erfolg erzielt.

Keiner, Nichts und niemand, ist zuständig für die Befriedigung eines Redeschwalls einer anderen Person, und schon gar nicht, wenn man lediglich eine Frage stellt und darauf eine kurze und einfache Antwort möglich wäre. Klare Frage klare Antwort, einfach auf den Punkt kommend.

Im Übrigen, wo wir bei dem Punkt sind..
Es wäre nun gerade ein idealer Zeit**punkt,** um wieder ein kleines Denkpäuschen einzulegen, bevor es mit dem letzten Teil des Buches weitergeht.
Bringen wir es mal auf den Punkt:

Gedanken**PAUSE.....!!!**

Automatismus in der Gesellschaft

Der Automatismus in der Gesellschaft ist etwas, das der Mensch von klein auf schon mit auf den Weg bekommt. So ein kleiner neuer Erdenbürger hat letztendlich keine andere Wahl, als all das anzunehmen, was ihm von Geburt an erst mal vorgegeben wird. Die magischen Worte *Bitte*, *Danke*, *Guten Tag* und *Tschüss*, sind wichtige Vorgaben dafür, wie ein Mensch sich in bestimmten Situationen zu verhalten hat.

Möchte ich etwas haben, so hänge ich ein Bitte in mein Anliegen. Erhalte ich etwas, so hört man Danke von mir. Treffe ich einen Bekannten auf der Straße, sage ich: „Hallo“ und frage, wie es ihm geht. Moment mal, stop....Warum frage ich jetzt eigentlich jemanden, den ich gestern schon getroffen habe und heute wieder treffe, wie es ihm denn geht? Sollte sich wirklich so drastisch viel in den paar Stunden seit dem, jetzt verändert haben? Es ist irgendwie ein Standard, wenn man jemanden auf der Straße trifft, ihn begrüßt und dann gleichzeitig nachfragt, wie es ihm geht oder ob alles in Ordnung ist. Ein Automatismus, wie ihn sehr, sehr viele Menschen ausüben. Weiter geht er oft mit den fast immer gleich zutreffenden Antworten, das es einem ganz gut gehe, oder eben so la la oder es wird noch weiter ausgeholt und wir landen in der “Komm mal auf den Punkt” und der Bla, bla, bla Situation. Am Ende interessiert es eigentlich gar nicht großartig, wie es dem anderen wirklich geht. Es interessiert nur, ob man die Frage nach dem Wohlbefinden gestellt hat. Komisch nicht wahr? Ein Versuch, darauf zu achten, ob man ebenfalls zu dieser Art Mensch gehört, der bei einem Zusammentreffen immer die automatische Frage nach dem Wohlergehen stellt, ist das wert. Es wird einen ab und an zum Schmunzeln und gleichfalls zu einem Nachdenken seiner selbst hinbewegen.

Der Automatismus findet sich oft im Alltag wieder. Beispielsweise beim Arzt.

Man wird aufgerufen und das Prinzip ist immer das Gleiche. “Guten Tag”, als auch “Nehmen Sie Platz”, sowie “Was kann ich für Sie tun”, sind eigentlich typische Standardfragen. Automatisch halt. Ebenso verhält es sich beim Telefonievorgang, oder beim Besuch von manchen Feierlichkeiten, bei denen jeder erst einmal alles erzählen muss, was er geschafft oder angeschafft, als auch erschaffen hat. Ebenso typisch enden diese Feierlichkeiten immer wieder mit bestimmten Themen, zu denen in der Regel jedmögliche Krankheiten, Politik oder die Wirtschaft zählen. Ur-

laubsberichte, Hobbys, sowie ein Buch, welches man sich angeschafft oder gelesen hat, sind dabei eher etwas hintergründig. Es gäbe doch so viele andere gute und interessante Themen, auf einer Feier anzusprechen. Aber nööö, die Politik, die Wirtschaft, das Geld und eben gaaaanz wichtig, die Krankheiten sind und bleiben Nr.1. Philosophische Runden, als auch vielleicht einmal echt tiefgründige Gespräche, lassen sich, wenn überhaupt, in nur sehr wenigen Kreisen aufgreifen.
Zu ausgeschweiftes Denken, das will an diesen Abenden eben niemand. Dabei finde ich es, über Krankheiten oder Politik zu reden, auch nicht gerade spannend oder wirklich redenswert, denn die Politik erleben wir jeden Tag durch all die Medien. Jedoch eine Tiefgründigkeit in anderen Bereichen wohl eher nicht, denn die entsteht genau dadurch, was vielen Menschen aufgrund der Medien, der Normen und ihren Vorgaben, regelrecht abgenommen wird, nämlich ganz einfach durch das Denken.
Das eigenständige, nicht fremdgesteuerte Denken, schafft sich nach und nach durch die äußeren Einflüsse ab. Es wird so vieles vorgegeben, sodass der Mensch sich keine großen Gedanken mehr darüber zu machen hat, wie er an etwas zu essen kommt, wie er ein bestimmtes Gericht

kocht, oder woher der Strom eigentlich kommt. Rechnen muss heutzutage auch keiner mehr vom Kopfe her. Die Technik ersetzt prima das Gehirn und dies auf höchster Ebene. Sie lässt prima die Gehirnzellen, die eigentlich regelmäßig beansprucht werden sollten, um das Gehirn nicht verkümmern zu lassen, ganz einfach schrumpfen.

Die Menschen wundern sich, dass sie sich nicht mehr gut konzentrieren können oder gar dazu noch Merkschwierigkeiten besitzen. Wenn ich mein Gehirn nur noch wenig beanspruche, so stellt es seine Arbeit irgendwann auch auf einen recht reduzierten Level ein. Mit einem ausgiebigen Training lässt sich zwar in der Regel vieles trainieren, doch oftmals ist das andere Thema, nämlich die Geduld, dann ein weiteres Problem. Menschen rennen z. B. lieber in ein Fitnessstudio und trainieren ihre Muskeln. Mit jedem Mal mehr werden sie nicht nur kräftiger, sondern der Körper erlangt so auch noch immer mehr an Form. Die Muskeln werden aufgebaut und entwickeln sich immer weiter.

Nichts anderes passiert mit unserem Gehirn. Wird es regelmäßig beansprucht, so kann es sich immer weiter entwickeln. Beansprucht man es also für bestimmte Bereiche, so entwickelt es sich in diesen Bereichen weiter. Beansprucht man es nur noch wenig, dann Najaaaa....

Die Bereiche, die man einfach ruhen lässt, können sich nicht weiterentwickeln. Somit schafft man also in einem bestimmten Bereich die jeweilige Gehirnaktivität ab und genau dies passiert, wenn andere oder andere Dinge für einen denken. Weiter doch zum besagten Automatismus. Die Technik, sowie bestimmte Dialoge und auch alltägliche Handlungen, sind ein größerer Bestandteil des gesellschaftlichen Automatismus geworden.

Ein gewisser Automatismus ist schon richtig, doch geht mir so mancher der Automatismen ein wenig quer. Wenn ich beispielsweise um ein Glas Wasser bitte, so beinhaltet meine Frage das Wort Bitte darin. Erhalte ich es, so erfolgt natürlich das Wort Danke. Der Jenige, der mir das Glas Wasser anreicht, spricht beim Anreichen nun ebenfalls das Wort Bitte aus. Ich verstehe den Grund dahinter nicht so wirklich und mache mir Gedanken dazu, warum mir jemand, den ich um etwas gebeten habe, beim Aushändigen auch noch ein Bitte zukommen lässt. Muss er nicht, da ICH doch etwas eingefordert habe und er lediglich meiner Bitte nachkommt. Klar kann man sagen, dass dies einfach eine reine Höflichkeit ist. Und genau da ist ein weiterer Punkt. Automatisch wird dadurch meine Bitte nun, zu seiner Bitte, obwohl er der Jenige ist, dem ich zu danken habe, für seine Tat und der feinen Höflichkeitsnorm wegen. Nicht anderes verläuft es mit dieser neumodischen Höflichkeit, wenn ich niesen muss. Wer niest, der soll Entschuldigung sagen. Warum???

Das Niesen ist ein natürlicher Reflex, wenn irgendwas in unserer Nase Platz einzunehmen versucht, was dort eben nicht hinein gehört. Ebenfalls, wenn irgendwas unseren Riechkolben reizt oder ihn innerlich kitzelt. Würde ich mir nun eine ganze Zeit mit der Feder an der Nase herum kitzeln und aus dem Grund dann niesen, dann wäre es eben mein absichtliches Hervorrufen von diesem und somit wirklich eine Entschuldigung für das verteilen meiner eventuellen Sekrete fällig. Muss ich jedoch niesen, durch äußere Einflüsse, für die ich einfach nichts kann, weiß ich nicht, warum ich mich dafür entschuldigen sollte? Es müsste doch eher jemand, der absichtlich mit Pfeffer vor meiner Nase hantiert und mich damit zum Niesen bringt, sich bei mir entschuldigen, doch wenn ICH deswegen niese, verlangt es jetzt der neumoderne Höflichkeit(un)sinn, dass ich schön brav Entschuldigung sagen soll.

Ein großer Teil unserer Gesellschaft spielt solche Spiele einfach mit. Einfach, weil es die meisten so machen und weil mit dem Trend zu gehen, für viele ein bedeutsamer Bestandteil im Leben darstellt. Es ist viel einfacher, etwas zu übernehmen, was die anderen auch so machen oder vorgeben, als sich selber darin zu bemühen, so zu sein, wie man ist und sich dabei zudem wohl zu fühlen.
Dinge zu machen, die einem gut tun, ohne das ein anderer dadurch einen Schaden erhält, sind weder etwas Falsches, noch etwas Abnormes. Halte ich mich an solchen Dingen nicht und lebe nach meinem Bauchgefühl und im Sinne meines inneren Wohlwollens, so laufe ich immer Gefahr, mit meinem eben etwas anderen, nicht einmal schadhaften Verhalten, regelmäßig anzuecken. Schlimmstenfalls mit der Zeit als unhöflich und ohne Manieren, bezeichnet zu werden.
Den Menschen kommt das einfach zu quer oder eben auch zu schräg. Schräg ist für viele nicht in Ordnung, wenn es ihrem Bild nicht entspricht. Absolut skurril, denn schräg sind für mich eher solche Dinge, die eben nicht einer Natürlichkeit entsprechen, also jene, aus einer vorgegebenen Norm. Mein Wohlbefinden, sowie ein Niesen durch Fremdeinflüsse, entspricht ebenso dem natürlichem Wesen. Jeder besitzt dieses innere We-

sen und es ist nicht zu löschen. Es wird so oft unterdrückt und wie oft fragt man sich selber, warum man eine bestimmte Situation nun so oder so gehandhabt hat, obwohl innerlich das Streben einer ganz anderen Handlung bestand.
Diese ganzen Normen und Vorgaben, die einem Menschen im Laufe des Lebens begegnen, versuchen einen ganz natürlichen Drang, nämlich jener, sich einfach wohlfühlen zu wollen und entsprechend danach zu handeln, nach und nach auszuradieren. Am Ende sind die meisten Menschen unzufrieden. Oftmals wissen sie sogar noch nicht einmal, woher ihre Unzufriedenheit kommt. Sie merken zwar, das irgendwas nicht passt, aber denken dann zu wenig darüber nach.
Dabei liegt die Lösung manchmal nur wenige Zentimeter über der Nasenspitze. Wer ist hier dann eigentlich nicht normal, schräg oder Sonstiges? Nicht auf sein Wesen Rücksicht zu nehmen, die Gedanken einzusperren oder sie versuchen zu löschen, nur um ein gewisses Bild nach Außen zu bieten, weil es eine Masse gleichermaßen tut, ist aus meiner Sicht verkehrt.
Man braucht nur mal die Mentalität eines Deutschen, mit der eines Südländers zu vergleichen. Die meisten der Südländer handeln nach ihrem inneren Wesen und Gemüt. Ohne Stress, ohne

Druck, obwohl sie auch nach gewissen Normen leben. Manche Normen sind eben mit Gesetzen verbunden. In dem Moment wird es für einen Menschen, der frei nach seinen Gedanken handeln möchte, schwieriger. Vor allem dann, wenn seine Gedanken mit schlechtem Gedankengut versehen sind oder sogar mit einer Straftat einhergehen würden.

Anderen Menschen zu schaden, sie zu verletzen oder zu töten, ist nicht in Ordnung und in dieser Hinsicht sind gewisse Regelungen in Form einer Norm, auch völlig vertretbar. All das Gedankengut und dessen Ausführung, was nichts und niemandem schaden könnte, ist meiner Meinung nach, nicht an Normen zu binden. Im Gegenteil. Raus mit dem Gedankengut und weg vom diesem Automatismus und der genormten Pseudohöflichkeit. Was Normen mit uns anrichten können, ist teilweise erschreckend. Sie bewirken einen Automatismus in uns. Sie lassen uns regelrecht funktionieren. Automatismen sind das Resultat einer großen Masse, die sich hat formen lassen und mitunter ohne diverse Vorgaben nicht mehr zurecht käme. Dabei besäße jeder die Eigenständigkeit, ganz anders zu leben. So macht alles oftmals den Eindruck des daher lebens.

Anecken

Ich ecke öfters an, mit meiner Denkensweise und den daraus resultierenden Worten oder Handlungen. Ein Los, das ich immer mit mir tragen werde und trotz allem niemals eintauschen. Ich lebe nach meinem Bauchgefühl und ich lebe weitestgehend danach, mir ein angenehmes Wohlbefinden zu gönnen. Unausgesprochene Worte mag ich genauso wenig wie düstere oder regelrecht auffressende Gedanken. Ich möchte mich nicht erdrücken lassen von Dingen, die mir nicht gut tun und Selbiges betrifft auch somit die Menschen. Natürlich befinden sich in meinem Umfeld Menschen, doch keine riesengroßen Menschengruppen.
Man könnte behaupten, ich bin eher und das auch viel lieber, ein Einzelgänger, der ab und an die Gesellschaft anderer Menschen genießt, jedoch auf Dauer mit ihnen nicht rund um die Uhr verweilen könnte. Selbstverständlich ist der Austausch untereinander etwas Wichtiges und spaßreiche Abende oder Ausflüge mit anderen gehören mit dazu. Trotzdem brauche ich immer wieder meine persönlichen Ruhephasen, um bestimmte Dinge in mir sacken lassen zu können oder über die solchen nachzudenken. Ich denke

wirklich sehr gerne nach, kann mich darin völlig vertiefen und käme nicht damit zurecht, die Phasen oder Zeiten meines Nachdenkens immer wieder unterbrechen zu müssen, um mich mit anderen Menschen regelmäßig zu treffen, wenn ich es eigentlich in den Momenten überhaupt nicht möchte.

Mein Mann und meine Tochter lassen mir diese Freiräume. Dann sitze ich manchmal für längere Zeit in unserem Erker, schaue aus dem Fenster und sauge jegliche Dinge in mir auf, die in dem Moment an unserem Haus vorbeikommen oder vielleicht auch fliegen. Während ich dabei so manchmal in die Wolken schaue, in ihnen diverse Formen oder Figuren zu erkennen gedenke, kann ich parallel dazu meine Gedanken im Kopf sortieren oder sie in meine Tiefe schicken.

Draußen ist es für mich nicht viel anders. Ich studiere Menschen, die an mir vorbeilaufen. Ihre Mimik, ihre Gestik, ihr Verhalten den anderen Menschen gegenüber oder jeweiligen Situationen, die dann gerade in den Momenten einfach auftauchen. Manche Situationen bringt mich zum Schmunzeln, andere Situationen hingegen lassen mich wütend werden und wieder andere Situationen zwingen mich sogar zu handeln oder einzugreifen. Ich kann Hochmut, Arroganz,

Oberflächlichkeit und Egoismus gegenüber anderen Menschen absolut nicht leiden. Ein weiteres großes Problem, bei dem ich ebenfalls weder zuschauen noch schweigen kann, ist Ungerechtigkeit. Aus dem Grund versuche ich, bevor ich mir ein Urteil über einen Menschen bilde, mir beide Seiten anzusehen. Ich hinterfrage und stehe daher auch beiden Seiten erst einmal mit einem jeweiligen Verständnis gegenüber.

Ein zeitaktuelles Beispiel zu meiner Denkensweise geben die heutzutage immer öfter auftretenden Amokläufer. In erster Linie betone ich, dass ich gegen jegliche Gewalt bin und niemand, absolut niemand das Recht besitzt, einen anderen Menschen zu töten. Ich weiß, dass ich mit dem weiteren Verlauf nun auch bei dem einen oder anderen Leser mit meiner Einstellung anecken werde, doch bei manchem vielleicht ein Umdenken erziele, zu der oftmals recht einseitigen Meinung. Ich gehe hierbei jetzt gezielt zu einem Amokläufer des Schulalltags ein.

Ein junger Mensch greift eines Tages zu einer Waffe und schießt wahllos auf Schüler und Lehrer. Am Ende erschießt er sich sogar selbst. Das alles haben wir bereits mehrfach, unter anderem über die Medien, zu sehen bekommen. Und das nicht nur hier in Deutschland, sondern auf der ganzen Welt verteilt. Der Schüler, der ein regelrechtes Blutbad angerichtet und dadurch vielen Menschen somit das Leben genommen hat, ist am Ende eine Bestie, ein Bastard und jegliches Schlechtes, was den Menschen dazu einfällt.

Natürlich ist es absolut falsch, andere Menschen und in der Regel unschuldige Menschen, wahllos zu erschießen, weil man selber in dieser Gesellschaft nicht mehr zurechtfindet. Ebenfalls ist es schrecklich für die Angehörigen UND genauso schrecklich für die Angehörigen eines solchen Täters, was gerne vergessen wird. Einzelne verstorbene Schüler werden über die jeweiligen Medien hervorgehoben und regelrecht präsentiert, sowie ihr bis zum Tod gelebtes Leben dazu veröffentlicht. All dem Ganzen wird somit also noch eine enorm höhere Tragik verliehen, als sie bis dahin sowieso schon ist. Der Täter wird noch mehr zu einer düsteren Bestie geformt.

Über ihn werden plötzlich Fakten und diverse Auffälligkeiten veröffentlicht, die erahnen lassen sollen, dass er alles schon länger geplant habe und sowieso immer irgendwie etwas Schlechtes an sich besaß. Der Täter wird kurz und knapp durch die Medienberichte als auch durch Menschen, die ihn anscheinend gekannt haben, in ein Bild gesetzt, das den boshaften Täter immer weiter untermauert. Ganz wenige zwischendurch zu sehen, die den Täter vielleicht als einen zuvor guten Menschen oder sogar selbst als ein Opfer sahen. Doch die Stimmen dieser Menschen werden von den anderen verhassten und teils hetzerischen Stimmen dominiert. Der Amokläufer war böse und bleibt eine Bestie. Das ist dann einfach Fakt.

Das Rudel Mensch hat sich ein neues Opfer ausgesucht um seinen inneren Frust so abzubauen oder sich in den Mittelpunkt zu stellen. Mit der Zeit erscheinen nach und nach weitere Details aus dem Leben des Amokläufers und ab hier teilen sich dann die Denkensweisen ganz plötzlich erneut. In jene, die gar nicht erst weiterdenken und zu all dem, was sie zuvor gelesen und gehört haben, weiter propagieren und die Anderen, die ein wenig nachgedacht haben und feststellten, dass das Leben des Amokläufers ein trauriges oder vielleicht völlig unter Druck und/oder großer Verzweiflung stehendes Leben war. Der Amokläufer, der viele Jahre selber zu einem Opfer wurde, gemobbt und immer fertig gemacht von seinen Mitschülern.

Druck der Eltern, die ihn nicht verstanden und weiterhin die guten Leistungen von ihm einforderten. Viel Unverständnis und keine Perspekti-

ven mehr sehend, sowie innerlich zerrissen und die Seele völlig zerstört. Das, was er von Menschen erfahren hatte, war negativ und dies über Jahre hinweg. Keine Hilfe, keine Lösung.
Klinik und Ärzte bieten sich an, doch ist die mobbende und stark oberflächliche Gesellschaft stärker als Medizin oder die Therapien. Gerade Menschen, die psychisch erkrankt sind, haben in der Gesellschaft noch immer mit sehr großen Vorurteilen und "gut gemeinten" Ratschlägen und Sprüchen ihres Umfeldes zu tun. Ich ecke an, mit meiner Meinung, über/bezüglich, des umschriebenen Amokläufers.
Ich ecke an, weil ich den Menschen, einen sehr jungen Menschen, dennoch als einen Menschen sehe. Er war nicht immer der oder das, zu was er am Ende wurde und trotzdem wurde er anders herum gesehen, zu dem gemacht, was er durch seinen Amoklauf widerspiegelte.
Ich versuche es lediglich zu erklären, das manche, (nicht alle!) Amokläufer auch eine Vorgeschichte haben. Dass die Gesellschaft mit ihrem Verhalten häufig den Menschen keine Chance mehr gibt und durch ihre Oberflächlichkeit so sehr mit sich selbst beschäftigt ist, dass es sie nicht einmal interessiert, was da mit einem Menschen passiert ist oder inwieweit sie dazu beitru-

gen, das er sich so fühlte. Ich ecke mit meiner Meinung nicht nur an, sondern gerate an Unverständnis und den Aussagen, dass so ein Mensch eine Bestie bleibt und keine Berechtigung zum Leben hätte. Ich frage mich gedanklich, mit welchem Recht dies nun auch wieder zu entscheiden wäre. Keine Berechtigung zum Leben. Wer hat diesen Plan erstellt, ab wann und ob ein Mensch eine Berechtigung zum Leben hat?

Das gerade ich als Mutter, die selbst ein Kind hat, welches schweren Mobbing aus gesetzt war, Mutter eines Kindes das man u.a. anzünden und ertränken wollte, dennoch solch eine Einstellung gegenüber eines Amokläufers besitzt, ist für viele Menschen nicht nachvollziehbar. Ich weiß, in was Mobbing enden kann und ich weiß auch, dass dieses in der heutigen Zeit ein Thema ist, was noch immer viel zu sanft behandelt wird und den Tätern eine gewisse Lobby gibt.

Ebenso weiß ich, wie sehr Mobbing die Seele und vor allem das Leben eines anderen Menschen zerstören kann. Mein Verständnis gegenüber dem Amokläufer, der selber zuvor ein Opfer war, befindet sich in jenem Maße, das er irgendwann all seinen inneren Schmerz und das Unverständnis herauslassen wollte. Der Weg, wenn es dazu übergeht, andere Menschen zu töten, ist

wahrlich nicht der Richtige. Würde Mobbing von vorneherein härtere Strafen finden, so könnten meiner Meinung nach manch Folgetaten vermieden werden. Ein Mobbingopfer bekommt mit seinem Erlebten lebenslänglich. Viele Täter hingegen nicht einmal einen Fitzel als Strafe.
Immer und immer wieder liest man von Mobbinggeschichten in den Medien. Unverständnis, bis hin zur Wut und dem Hass gegenüber Mobbern, wird von vielen Menschen bekundet, doch trotzdem scheinen sie es da draußen nicht zu lernen, das das Mobbing bereits mit kleineren Sticheleien beginnt. Wer da keine Grenze ziehen kann, der wird entweder zu einem Opfer, wenn nicht sofort entsprechende Maßnahmen eingeleitet werden oder zum Täter, ob nun alleine oder in einem automatisch dann aufkommenden Rudel. Ohne Kompromisse. Der Mensch vergleicht sich gerne schon mal mit Tieren und hebt sich zudem gern als das schlauere Wesen hervor.

Tiere beispielsweise gehen oft weitaus sozialer miteinander um, als viele der Menschen. Sie lassen sich bis zu einem gewissen Grad etwas gefallen, warnen ein oder zweimal vor und gehen dann in einen Kampf über. Im Anschluss daran sind die Fronten aber geklärt und der Angreifer

wird es nicht einfach so erneut wagen, einen Angriff zu provozieren, genauso wenig wird es der Angegriffene. Die anderen Tiere halten sich aus der Sache normalerweise heraus. Sagt ein gemobbter, “Hör auf”, so ist das Thema damit nicht beendet. Es geht weiter und im schlimmsten Fall, rudeln sich weitere Menschen zusammen, um mitzumachen.
Das ist in meinen Augen abnormal und genau in solchen Situationen ein gutes Beispiel dafür, wie weit das Denken abgeschafft wird, wenn eine bestimmte Masse etwas macht. Genauso, wenn es um Macht oder Geld geht.
Ein weiteres Thema wäre da auch der Sex. Allerdings würde dann dieses Buch weitaus über sein geplantes Ziel schießen und darum gibt es jetzt hier KEINEN Sex. Die Lobby für Handlungen in unterschiedlichen Bereichen, bleibt solange bestehen, wie sich immer wieder Massen finden, diese auszuführen oder zu unterstützen.

Das bis dahin übrig verbliebene Gedankengut, nicht mehr der Norm entsprechend und durch das Zulassen der Fehlsteuerung, mit einigen Konsequenzen verbunden.

Tiere denken weniger

Auf der Suche nach dem Tier in uns...Ich beobachte immer wieder alles gern und eben viel. Die Natur, die Tiere als auch die Menschen. Das Verhalten, die Anpassung ebenso die Auswirkungen. Ich erlebe dabei die Wechselhaftigkeit, die Ruhe sowie den Sturm, die Jahreszeiten und den viel zu häufig aufkommenden Stress. Es gibt Tage, an diesen erscheint es ruhig und die innere Zufriedenheit ist wahrer Balsam für die Seele. Stress ist hingegen ein wahres Gift!!! Genauso wie enormer Druck, Bedrängnis oder auch manche Verpflichtungen, hinter denen dieses "MUSS" eine viel größere Bedeutung besitzt, als das eigentliche Bedürfnis, diese erfüllen zu wollen. Es gibt solche Tage, an denen purzelt alles aufeinander. Ein MUSS der Verpflichtungen, der Arbeit, vieler Termine, der Familie, der Freunde, dem Haushalt&Co. Jeder kennt dieses MUSS und jeder empfindet es dabei nicht unbedingt als etwas sehr angenehmes. Noch unangenehmer wird es, wenn noch jeder um einen herum, irgendwas zusätzliches möchte. Eventuell sind es Forderungen oder gar Aufgaben, die des anderen Bedürfnisse abdecken, aber nicht die eigenen. Der Kopf ist irgendwann nur noch total schwammig und

die Konzentration völlig am Nullpunkt. Stress macht kaputt und irgendwann macht es Peng. Es alles in passende Zeilen zu verpacken, käme wohl Folgendem nahe: Der Körper wird irgendwann zittrig. Er erscheint sehr ausgezerrt und extrem ausgelaugt. Das darauffolgende Resultat nicht sehr schwer zu erraten. Die pure Erschöpfung. Am Morgen ist der Akku ein wenig aufgeladen und doch geht es dennoch mit weit weniger Energie an weitere Aufgaben. Am Tag darauf, erscheint dann das K. o. Müde und völlig ausgelaugt geht es in den nächsten und übernächsten Tag weiter hinein. Einzig mit dem Gedanken, das dieser vorbei geht und die ersehnte Erholung im Bett, den Körper somit wieder mit ausreichender Energie auffüllt. Doch auch der erneute Tag zieht all seine Register an Verpflichtungen, Anforderungen und dem üblichen "MUSS".
Solche Tage zerren an JEDEM Menschen, egal ob krank oder gesund. Solche Tage hat jeder schon erlebt. Für viele Menschen stellen sie sogar eine Regelmäßigkeit dar. Fast jeder verflucht diese Tage und fragt sich, wo er selber dabei bleibt. Die Antwort darauf könnte fast ganz einfach sein:

"Da, wo ich selber den Schlusshebel ziehe!"

Reizüberflutungen entstehen dort, wo man sie zulässt. Klare Grenzen zu ziehen und zu sagen bis hier hin und dann nicht so, oder zumindest anders weiter, sind zwar ein Lernprozess, aber auch ein ganz natürlicher Schutzmechanismus, um sich weder selber zu stressen, noch sich mit Reizen überfluten zu lassen. Die Tiere, um auf diese nun auch einmal zu kommen, machen es uns eigentlich vor und benötigen dafür nicht mal irgendwelche Worte. Wenn ihnen etwas nicht passt oder sie sich arg gestresst fühlen, dann gehen sie entweder aus der Situation hinaus oder sie signalisieren es mit einer Haltung, einer Handlung oder notfalls einem Laut. Sie schützen sich so vor den ungewollten Reizen und lassen lang anhaltende negative Emotionen gar nicht erst großartig zu. Der Mensch wäre dem Tier in dieser Hinsicht sogar überlegen, denn er kann zu der Haltung, der Handlung oder anderen Signalen, auch noch sprechen und damit der Reizüberflutung verbal ganz deutlich ein Ende setzen.

Ein *"Nein, das ist mir zu viel"* oder *"Das möchte ich jetzt nicht"*, können genauso etwas bewirken, wie ein *"Ich möchte nun etwas Zeit für mich"* oder *"Bitte akzeptiere es nun, das ich mich jetzt erst einmal ausruhen möchte."* Beim Menschen stehen für Handlungen, die das Wohlbefinden in eine bessere und angenehmere Lage bringen könnten, viel zu viele Vorgaben im Weg. Ebenfalls das Problem, gar nicht erst darüber nachzudenken, all die für ihn negativen Einflüsse mit einem einzigen Satz oder einer sehr bestimmenden Handlung wegzufegen. Der Mensch lässt sich scheinbar viel lieber von den vorgegebenen emotionalen oder sonstig anderen Konsequenzen, die er somit bei seinem Gegenüber bewirken könnte, so weit leiten, das er die eigenen Konsequenzen, die er sich dadurch, das er nicht abwehrt und lieber aus dieser Höflichkeit heraus, eine Form von Rücksicht nimmt, dann tragen muss. Diese besagten Konsequenzen sind manchmal mit Wut, Niedergeschlagenheit, dem Nachdenken über die Situation und so vielen weiteren Ausmaßen verbunden, das man ab und zu froh wäre, die zuvor stattgefundene Situation überhaupt nicht erst erlebt zu haben. Hätte man ja auch nicht, wenn man zeitnah ein Signal gesetzt hätte. In der Tierwelt gibt es die unmissverständlichen Signale untereinander, die sodann in der Regel von den anderen Tieren bedienungslos akzeptiert werden. Tiere denken vielleicht nicht so intensiv wie ein Mensch und Tiere bewegen sich häufig in kleinen oder auch größeren Rudeln. Dennoch ist ihr relativ einfach vermutetes Denken, eine Form von wohltuendem Denken. Die Tiere haben Hunger, also fressen sie und machen sich keinen Kopf darum, ob das gejagte Wild auch ganz schön und schick, mit einem netten Schleifchen verziert ist oder bloß eine äußerst gute Würzmischung besitzt. Tiere haben Durst und trinken ganz einfach ihr Wasser. Ihnen geht es nicht darum, ob das Wasser nun aus einem Fluss entstammt oder ob es nun Regenwasser ist, sondern es geht darum, das es Wasser ist. Tiere benötigen keine besonderen Kleidungsstücke oder bestimmte Accessoires, um in ihrer Herde ein wichtiges Ansehen zu erzielen. Tiere beobachten und Tiere sind mit ihrem Leben, häufig im Einklang, obwohl sie viel weniger besäßen, als der Mensch. Tiere können sich in ihrem Denken einzig und allein auf ihre Bedürfnisse konzentrieren, was ein Mensch nicht kann. Der Mensch ist an sich in der Lage weitaus mehr über sich und sein Leben nachzudenken und etwas daran zu ändern. Und trotzdem stellen sich viele Menschen über ein Tier. Halten sich für schlauer und mächtiger, doch besitzen sie nicht mal die Macht über ihre eigenen Gedanken.

Die schaffen sie lieber ab....

Das Schubladensystem

Gedanken, die mich erdrücken oder mir ein unwohles Gefühl bereiten, möchte ich schnellstmöglich wieder los werden. Was soll ich auch mit vielen negativen Emotionen in mir, wenn ich imstande bin, sie auszuselektieren und mir dafür die wirklich wichtigen und positiven Dinge in mein sogenanntes Schubladensystem ganz ordentlich einsortieren kann. In meinem Kopf gibt es sehr viele Schubladen. So wie andere Socken, Unterwäsche und Weiteres mehr in Schubladen einsortieren, so sortiere ich meine Gedanken in solche hinein. In meinen Schubladen befinden sich die unterschiedlichsten Erlebnisse, als auch eine Menge Erinnerungen, diverse Lernprozesse sowie Bilder und sogar Worte.
Nein, ich höre keine Stimmen, aber ich kann mir bestimmte Situationen, in denen mir jemand etwas mitgeteilt hat, samt Stimme wieder abrufen. Nebenbei besitzen manche Menschen sogar eine solch prägende Stimme, dass man diese in den jeweiligen Schubladen abspeichern und wieder aufrufen möchte. Zuvor erwähnte ich bereits, dass niemand sich freiwillig in seinem Haus mehrere Möbel aufstellen wird, um darin lediglich nur Müll aufzubewahren. Keiner hat Lust auf

Müllansammlungen. Müll anzusammeln geht sogar ziemlich schnell in unserer sehr konsumfreudigen Gesellschaft. Hier ein wenig, dort ein wenig und schnell ist die erste Schublade schon gefüllt. Für den nächsten Müll benötige ich dann schon eine weitere Schublade und dann die nächste und immer weiter. Irgendwann muss ich die Schubladen jedoch aussortieren, denn der Platz reicht nicht mehr aus. Also nehme ich den Müll aus der ersten Schublade und frage mich, warum ich diesen überhaupt dort hineingepackt habe. Unbrauchbar und überflüssig entsorge ich ihn. Am Ende habe ich wieder Platz und vielleicht sogar diesmal für etwas wirklich Brauchbares.

Wenn man sich zu Hause einmal umschaut, so hat man oft Dinge herumliegen, die schon ewig an einem Ort dahinvegetieren. Einfach abgestellt, keinerlei Verwendung dafür, aber Hauptsache dort steht etwas. Mitunter kommt irgendwann der Zeitpunkt, wo man anfängt manche Dinge auszusortieren, weil man feststellt, das man sie einfach nicht braucht. Die Zeit davor haben sie nur dazu beigetragen, sie regelmäßig dem aufkommenden Staub zu entledigen oder von einer Ecke in die andere zu wandern. Die Schubladen in meinem Kopf sind dennoch an gewissen Fassungsvermögen begrenzt. Ich arbeite daran, sie auszuweiten oder gelegentlich eine neue Schublade dort hinein zusetzen, doch der Platz, der in diesen vorhanden ist, soll immer gut überdacht sein. In meinen Schubladen sollen wertvolle, wichtige oder positive Dinge einsortiert werden. Die Negativen mag ich dort nicht einlagern.

Hin und wieder sammeln sich jedoch auch davon schon mal ein paar an. Dann wird es Zeit, sie auszusortieren und damit Platz zu erschaffen. Ich selektiere einfach alles. Gutes, Schlechtes, Brauchbares, Unbrauchbares, Wertvolles oder Müll. Womit kann ich arbeiten, was führt mich weiter voran oder gibt mir dabei etwas Positives?

Außerdem ganz wichtig, was hat mein Hirn aufgenommen, das ich vielleicht gar nicht aufnehmen wollte, jedoch der Situation einfach ausgesetzt war? Und dann kommen da noch die Gedanken zu bestimmten Ereignissen, die man bisher gar nicht erlebt hat, sie aber schon mal innerlich durchlebt. Sie sind mit Emotionen gespickt und enthalten Ängste, Vorfreude, Perfektionismus, Vorstellungen auf Reaktionen sowie anderem mehr. Gedankengänge die einen allerdings auch enttäuschen können, wenn man sich zu sehr in ihnen vertieft, da dann die Erwartung an etwas Bestimmtes relativ hoch sein kann. Alles sollte immer in einem gut tragbaren Rahmen liegen, so auch all die Gedanken. Manche Menschen besitzen in ihren Gedanken eine große Verbissenheit und können sich in ihnen leider so extrem verrennen, dass sie aus diesen nicht mehr herausfinden und ein wahnsinniges Kopfkarussell besteht.

Häufiger, nicht immer, ist das bei Menschen mit Depressionen, der Fall. Sie denken ebenfalls über vieles nach, nehmen sich immens viele Dinge zu Herzen, die ihnen im nächsten Moment aber auch solche extremen Gedanken bescheren können, das sie anstatt einem postiven Wohlbefinden, ein negatives Unwohlsein hervorrufen. Gefangen im eigenen Kopf und gefesselt von den jeweiligen Gedankengängen. All ihre Schubladen recht stark überfüllt und diese zu entleeren, ist für sie meist ohne Hilfe nur schwer möglich. Es gibt Wege im Vorfeld, die Schubladen nicht zu voll zu packen und ein System, sie immer nur bis zu einem gewissen Maß zu füllen. Je eher ein Mensch dies absolvieren kann, desto besser.

Eigentlich müsste man es bereits im Kindesalter beigebracht bekommen. Vielleicht wären viele Erwachsene später dann nicht so zerstreut oder mit einer teilweise solch schlechten Konzentration versehen, wie man oft erlebt.

Die Konzentrationsschwäche oder eine schlechte Merkfähigkeit, entstehen oft da, wo der Kopf zu stark überflutet wird, außer es liegt eine Erkrankung vor, welche dies verursacht. Sehr häufig sind auch gesunde Menschen mit dieser Problematik konfrontiert.

Wer imstande ist, hin und wieder den Kopf freizumachen und weitestgehend alle Informationen in brauchbar und unbrauchbar zu selektieren, dem dürfte es leichter fallen, seinen eigentlichen Gedanken mehr Freiraum für Wohlbefinden und vielen positive Emotionen zu geben.

Das zuvor erwähnte Schubladensystem ist dabei lediglich eine kleine Hilfestellung, mit der wir unseren Kopf von Zeit zu Zeit ein wenig „entrümpeln“ können. Die Ruhe zu genießen und sich Momente des Nachdenkens zu gönnen, tragen schlichtweg enbenfalls postiv dazu bei, uns nicht mit Reizen zu überfluten, Dinge neu oder gar zu überdenken und mitunter Lösungen oder Wege zu finden. Auch bringt uns die Ruhe im Kopf, eine Form der Ausgeglichenheit und einen klaren Verstand. Ruhephasen und regelrechte Denkpausen, gönne ich mir immer wieder. Ich möchte mich nicht in Normen oder Vorgaben verlieren, sondern ICH sein.

Ich mag die Ruhe und die Nacht

Da ich tagsüber sehr viel an verschiedenen Informationen aufsauge und nicht alles sofort komplett selektieren kann, liebe ich um so mehr die Abende, wenn ich im Bett liege und rundherum der ganze Alltagslärm und die vielen Bilder vom Tage um mich herum, nachlassen, um mich sodann dem großen Aufräumen zu widmen.
Im Bett wird es ruhiger um mich herum, ich kann mich dort drin sehr gut konzentrieren und einfach diese Stille erst einmal genießen. Jeder kennt diesen Aaaah Effekt, wenn er nach einem ausgiebigen Tag in sein Bettchen fällt und dieses Wohlgefühl des nun entspannt sein zu können, eintritt. Der Körper lockert sich, im Kopf kann mitunter ein Surren oder Summen, als Folge eines anstrengenden Tages, die eigentliche Stille für einen Moment übertönen. Und dann geht es los, mit dem Herunterspielen der Gedanken, dem erlebten oder neuen Planungen im Kopf. In diesen Momenten gehe ich nach meinem ganz eigenen System vor. Ich spiele den Tag noch einmal in meinem Kopf ab. Sortiere dabei erneut aus, was wirklich wichtig war und stecke die neu dazu gekommenen Gedanken und Bilder, in die jeweiligen Schubladen oder gegebenenfalls in

den Mülleimer. Das, was wichtig ist, darf bleiben, das, was mir nicht wichtig erscheint, lasse ich gehen. So geht es dann weiter zum nächsten Schritt und ich beginne mit dem Auswerten und sinnieren über das, was ich in meinen Schubladen neu einsortiert habe. Es hilft mir, um mich weiteren Planungen zu widmen. Planungen, über die ich ebenfalls nachdenke und wie sie sich am besten ausführen lassen. Hin und wieder kommen aus anderen Schubladen Ziele hinzu, die ich mir einst gesetzt habe und ich denke darüber nach, ob sich eines dieser Ziele mit meiner neuen Planung verbinden lässt. Passen sie gut zusammen, so kommen sie als ein Päckchen gemeinsam in eine Schublade. Somit ist in einer anderen Schublade wieder ein wenig mehr Platz.

In der Nacht ist alles einfach so herrlich still und ich fühle mich in ihr sehr wohl, wenn ich all den oftmals ermüdenden Alltagssituation nicht mehr so ausgesetzt bin. Nachts kommen einem meist gute Ideen, die am Tag vielleicht kurz präsent waren, doch durch andere Gegebenheiten nicht ausgiebig in der jeweiligen Situation umzusetzen. Ich sortiere in der Nacht meinen Kopf aufs Neue und setze mir als Ziel, am nächsten Morgen das umzusetzen, was mir in der letzten Nacht im Kopf gegebenenfalls herumschwirrte. Verschiedene Erlebnisse lasse ich in der Ruhe und Stille der Nacht wie in einem Kinofilm abspielen. Es erweckt in mir dabei die unterschiedlichen Emotionen. Ein Schmunzeln vielleicht, etwas Wärme oder auch eine Art der Glückseligkeit. Es gibt mir in dem Moment ein Gefühl von Wohlbefinden und genau das, woraus ich neue Kraft tanken kann. So versuche ich mir weiterhin einen Alltag, aus der mir sehr wichtigen inneren Zufriedenheit und der Lebensfreude, selber zu ermöglichen. Mein Denken will ich nicht abschaffen lassen. Mein Denken und meine Gedankengänge möchte ich weiterhin behalten und werde ihnen jede Möglichkeit bieten, sich frei zu entfalten.

Ich denke hin und wieder darüber nach, wie wohl die weitere Zukunft aussehen wird. Wie weit diverse Normen und Vorgaben die Menschen weiterhin in ihrem Alltagsleben bestimmen werden. Schafft sich irgendwann damit nicht nur das Denken, sondern auch der Mensch an sich, selber iregndwann ab? Darüber nachzudenken, bereitet mir manchmal Sorgen, doch auch diese ab und zu mit Hoffnung gespickt.

Die Hoffnung darauf, dass das Denken sich nicht weiter abschafft und der Mensch wieder hingeht und sein Leben wirklich nach seiner wahren Natur auch auslebt.

Schlusswort

So konfus manche Gedankengänge nun für den Leser erscheinen mochten, so konfus ist sehr häufig der Alltag eines nachdenklichen Menschen. Fragen, wie z. B. jene, ob noch mehr Menschen fremdgesteuert sein werden? Wie weit schafft sich das Denken noch ab? Wo soll es enden?

Es gibt eigentlich nichts, worüber es sich nicht nachdenken lässt. Es gibt nur das Problem, das Denken nicht mehr zuzulassen und sich auf die anderweitigen Einflüsse dabei zu berufen. Tief in jedem von uns drin, steckt die Fähigkeit den Gedanken freien Lauf zu lassen und jeder hat das Recht dazu, seine Gedanken zu offenbaren. Die entsprechenden Handlungen, die ein Gedankengut beinhalten können, müssen und sollten in manchen Fällen, nicht zwingend ausgeführt werden, doch können sie anders herum bei so manchen Gedanken und Ausführungen auch zu einer großen Wohltat beitragen.

Oftmals reicht es schon, seinen Gedanken einfach Luft zu machen. Ebenso sie neu zu sortieren und manches davon einfach gehen zu lassen. Es muss sich niemand selbst in seinem Kopf einsperren und auch nicht konsequent jeglicher Norm nacheifern, die von irgendwem erstellt wurde. Die Normen sind nichts Weiteres als Richtlinien, so manche von ihnen auch völlig in Ordnung, doch manche einfach nur überflüssig und zudem einer wahren Entfremdung des eigenen ICH nachkommend.

Mit den Jahrzehnten wurden sie als etwas teils Befehlerisches, teils sogar als etwas Natürliches abgewandelt, obwohl es nicht in der Natur des Menschen liegt, irgendeiner Norm hinterher zu laufen. Im Gegenteil, der Mensch ist aufgrund seines Gehirns in der Lage, seine eigenen Wege zu finden und sie zu gehen. Er kann überleben und er kann sich vermehren. Er kann dafür Sorge tragen, das seine Nachkommen nicht in nur einer bestimmten Norm existieren, nicht nur irgendwelchen Trends oder immer neu erdachten Vorgaben nacheifern, sondern dass dies eigenständig und zudem Selbst verwirklichend, ohne dabei sich oder anderen zu schaden, ihr Leben leben. Der Mensch ist nicht vollkommen und daher kann es auch nicht der wahre Lauf sein, das auferlegte Normen, ausschließlich einer gewissen Vollkommenheit im Leben ausdienen.

Normen zeigen uns nur einen von vielen verschiedenen Wegen. Das Denken, das dabei abgeschafft wird, sollte jeden eigentlich erst recht zu einem Nachdenken bewegen. Ebenfalls ein gewisses Hinterfragen anregen, denn nicht alles was andere vorgeben, muss auch richtig sein. Alle wollen ein zufriedenes und glückliches Leben, doch bremsen sich viele Menschen zu sehr selber dabei aus. Ganz einfach, weil sie nicht wirklich ihr Leben leben, sondern ihr Leben leben lassen. Jeder der mitmacht, gehört irgendwie der Masse an und wer aus der Reihe tanzt, der ist schlichtweg ganz einfach schräg denkend oder bewegt sich als Außenseiter in der Gesellschaft.

Wer mag die wirklich Zufriedenheit, das innere Wohlbefinden und die besondere Freiheit finden? Die, die sich steuern und lediglich in jede verfügbare Norm drücken lassen, oder sind es die, die nach ihrer Intuition, nach ihrem inneren Wesen und den eigentlichen Gedanken handeln und leben?

Ich hoffe die Antwort darauf klärt sich nun bei jedem Selbst.....

Wann beginnt man eigentlich sich für seine
eigene Vergangenheit zu interessieren?
Dann, wenn man etwas erreicht hat?
Oder in dem Moment in dem man glaubt sich
im Ideensturz befindlich Scheitern zu sehen?
Eine Freifallübung der Seele,
unbeschadet überstehen.
Nur leicht geprellt,
doch bleibend schmerzhaft.
Was ist es wohl für ein Gefühl
Zufrieden zu sein?
Im kleinen unscheinbaren Glück gefangen.
Einen Moment lang oder ohne Maß?
Welche Gedankenlücke steckt hinter der
Ambition der Zukunft?
Die eigenen Gene zu verweigern.
Nicht aber die geistigen Kinder?
Was lebt worin weiter?
Ruhelos entwickelt sich eine Suche,
zu einer Sucht, die alles frisst.
Vieles zerstört und jede Form
von Unschuld raubt.
Man verliert die Unschuld nicht mit der Geburt
Sondern indem man lebt
Hat Intelligenz etwas mit Glück zutun?
Monatelang arbeiten, dann bermerken,
dass vieles unverstanden bleibt.

Dem Ursprungsgedanken fehlt es an Worten.
Man wird zur Gedankenhure.
Gibt die Seele preiß.
Prostituiert sich ohne Not.
Ein Bedürfnis? Mitteilsamkeit?
Nicht an einer Idee ersticken müssen?
Vom Urgedanken zur komplexen Geschichte,
entwickelt sich der Weg zum Ziel.
Gemeinsam spielen.
Minuten aus der Zeit auslösen.
Freisezierte Freiheit.
Der letzte Vorhang schließt den Blick nach
draußen. Existiert ein tieferer Sinn?
Berechtigt er zum neuen Fragenspieln?
Existiert ein tieferer Sinn?
Wie ein von seinem Kind enttäuschter Vater
Leben investiert, Hoffnung korrumpiert
Nur noch wenig stimmt noch fröhlich
Vom Leben nichts erwarten
Eigene Träume scheitern sehen
Trotzdem weiterspielen
Den Blick für das Wesentliche verlieren
Nur dann. Im Ansatz gescheitert,
aber doch noch nicht verloren
Weiterspielen...
(Text: Zwischenzeit – Goethes Erben-)

Kontakt und weitere Informationen zur Autorin:

Homepage:

www.kerstin-markus-schaefer-autor.jimdo.com

Facebook:

www.facebook.com/KundMSchaefer

Kontakt und weitere Informationen zu dem Verlag unter:

Homepage:

www. TiefGeist-Verlag.de

Facebook:

www.facebook.com/tiefgeist.verlag

sowie unter: **info@tiefgeist-verlag.de**

Weiter erschienene Bücher der Autorin, in Zusammenarbeit mit ihrem Mann Markus Schaefer und ihrer Tochter Eileen Dausch, finden sich auf den folgenden Seiten.

"Schatz, stell dir mal vor, wir stehen morgen auf und sind plötzlich gesund?! -ISBN: 978-3959150057

(Kerstin und Markus Schaefer)

<u>Aus dem Klappentext:</u>
Kerstin und Markus Schaefer sind unheilbar krank und verzichten auf jegliche Therapieform. Durch ihre äußerst positive Einstellung im Bezug auf das Leben mit dieser Erkrankung, sind sie bereits in verschiedenen Medien bekannt. Ihr Motto lautet schlicht und einfach "LEBEN!" Auf authentische, teils humorvolle, teils sarkastische Art, geben sie einen Einblick in den Alltag mit der Multiplen Sklerose. Das "Anders sein", auf Grund von Handicaps und der eigentlichen Behinderung durch die Gesellschaft. Sie schwimmen nicht mit dem Strom, sondern dagegen und lassen sich von den Normen, die die Gesellschaft sich selbst auferlegt hat, weder beirren noch zwingen. Sie setzen Zei-chen und Signale an ihr Umfeld. Die Verkaufsstrategien der Pharmaindustrie lässt sie unbeeindruckt, genauso die medizinischen Vorgaben zur Lebensweise bei dieser Erkrankung. Nicht nur ihr Alltagsleben wird offenbart, sondern auch viele Motivationsanstöße, trotz Krankheit oder Handicaps, ein erfülltes und glückliches Leben zu führen. Ein etwas "Anderes" Buch, so wie die Beiden selbst.

„Mama, ich höre Stimmen“

(Kerstin Schaefer und Eileen Dausch)

ISBN: 978-3739249827

<u>Aus dem Klappentext:</u>
Wie sieht es wohl wirklich in einem Menschen aus, der Stimmen hört und dies über Jahre mit sich alleine herumträgt? In welcher Welt lebt ein Borderliner? Woher kommen diese Blackouts und warum tut sich das Umfeld so schwer, dies alles zu verstehen? Blutverschmierte Wände und Bettlaken. Schreie, Stimmen im Kopf, ein Hin- und Herswitchen zwischen Realität und Fiktion sind Spuren einer höllenartigen Mobbingtortour, die die Täter hinterlassen haben. Die Täter kommen ungeschoren davon. Das Opfer bekommt lebenslänglich. Der Weg in ein "normales" Leben schwierig und die Hilfe, sowohl für den Betroffenen, als auch für die Angehörigen, fast null. Eine Mutter und ihre Tochter im Kampf gegen ETWAS, das sonst keiner sieht oder hört. Sie berichten, sowohl aus der Perspektive des Betroffenen, als auch des Angehörigen, um die Gesellschaft und das Umfeld für ein Thema zu sensibilisieren, das noch immer ein Tabuthema ist.

„Therapien bei Multiple Sklerose“ -Medikamentöse Therapien und Symptombehandlung- (Kerstin und Markus Schaefer)

ISBN: **978-3842326729**

Aus dem Klappentext:

Mit dem Buch "Therapien bei Multiple Sklerose", gibt das selbst an MS erkrankte Autorenehepaar einen Einblick in die verschiedenen medikamentösen Therapieformen und der Symptombehandlung, bei dieser Erkrankung. Vom Hersteller, bis hin zu den Kriterien, Anwendung, Wirkmechanismus und die häufigsten Nebenwirkungen, werden Basisthera-pien, Eskalationstherapien und Schubtherapien ausführlich erklärt. Die Symptombehandlung, ebenfalls ein wichtiger Punkt und den unterschiedlichen Beschwerden, die durch die MS entstehen können, zugeteilt. Was ist ein monoklonaler Antikörper? Worin besteht der Unterschied zwischen Immunsupressiva und Immunmodulation? Über all dieses und vieles mehr, wird in diesem Buch aufgeklärt.

„Herr Meier erklärt es kinderleicht“

-Meine Dosenöffner haben Multiple Sklerose-
(Schwere Themen kindgerecht, mit heiteren Geschichten erklärt) ISBN: **978-3741293948**

Aus dem Klappentext:

Ich habe Multiple Sklerose, und wie erklärt man dies einem Kind? Herr Meier, ein äußerst pfiffiger Kater, erklärt kindgerecht in einer heiteren Erzählung die Erkrankung Multiple Sklerose. Er berichtet von seinem Alltag mit seinen beiden an MS erkrankten Menschen, die er als "Dosenöffner" bezeichnet und erklärt auf authentische und humorvolle, teils bebilderte Art und Weise, das Leben mit dieser Erkrankung. Nebenbei erfahren Kinder was Multiple Sklerose überhaupt ist, wie sie sich auswirkt und wie man damit leben kann. Kinder sehen die Welt häufig mit anderen Augen und Erwachsene möchten gerne die Helden spielen. Der Kompromiss ist es, ein Kind aufzuklären und zugleich auch Ängste zu nehmen, damit der Umgang mit solch einer schweren Erkrankung für beide Seiten leichter fällt. Am Ende des B ches befinden sich zudem noch Ausmalbilder zu der Geschichte.